T0110802

Printed in the United States
By Bookmasters

أثر السياسات التنظيمية على التمكين الوظيفي
لدى العاملين في الدوائر الحكومية
في منطقة تبوك بالمملكة العربية السعودية

المؤلف
خالد سعيد أبو هتلة

الطبعة الأولى

1431هـ - 2010 م

المملكة الأردنية الهاشمية

رقم الإيداع لدى دائرة المكتبة الوطنية

(2010/3/804)

اسم الكتاب: أثر السياسات التنظيمية على التمكين الوظيفي

اسم المؤلف: خالد سعيد أبو هتلة

الواصفات: / الإدارة العامة// تبوك (السعودية) العمل والعمال//إدارة الأفراد/

ISBN   978-9957-77-040-2   (ردمك)

دار المأمون للنشر والتوزيع
العبدلي - عمارة جوهرة القدس
تلفاكس: ٤٦٤٥٧٥٧
ص.ب: ٩٢٧٨٠٢ عمان ١١١٩٠ الأردن
E-mail: daralmamoun@maktoob.com

الإهداء

الحمد لله رب العالمين والصلاة والسلام على سيد المرسلين سيدنا محمد وعلى آله وصحبة أجمعين .

إلى الغائب الذي لا يحضر، والحاضر الذي لا يغيب إلى روح والدي رحمة الله عليه.

إلى نبع الحنان، تلك التي نذرت روحها وعمرها لأجل أولادها، والتي ما زالت نبراساً ينير الطريق رغم حلكة الأيام، إلى أمي الغالية أمد الله في عمرها.

إلى الزوجة الغالية التي وقفت بجانبي في مسيرة دراستي العليا وقفة مشرفة لا تنسى.

إلى من عاشوا معي الحياة بحلوها ومرها، إلى أخواني وأخواتي وفقهم الله لما يحبه ويرضاه .

إلى أبنائي الأعزاء حفظهم الله ورعاهم.

خالد سعيد أبوهتله

الشكر والتقدير

الحمد لله رب العالمين والصلاة والسلام على أشرف المرسلين سيدنا محمد وعلى آله وصحبه أجمعين. الحمد لله الذي أعانني على إتمام هذا الجهد المتواضع وقدرني على الوصول لدرجة الماجستير في الإدارة العامة .

يسعدني أن أتقدم بالشكر والتقدير والاحترام الفائق وكبير العرفان لأستاذي الذي غمرني بطيبه وعطفه للأستاذ الدكتور زياد يوسف المعشر على موافقته بالإشراف على هذه الرسالة وعلى ما قدمه من نصح وتوجيه وإرشاد ومديد العون لإنجاز هذا العمل .

وأتوجه بالشكر الجزيل إلى أعضاء لجنة المناقشة، الذين شرفوني بقبول مناقشة هذه الرسالة، والذين كان لملاحظاتهم أثرا بالغا فلهم مني كل التقدير.

وأتوجه بالشكر إلى جميع من تعاون وأسهم معي في إخراج هذه الرسالة إلى حيز الوجود وجميع المبحوثين الذين تفضلوا بالإجابة على أداة الدراسة.

إليهم جميعاً خالص الشكر والعرفان، اعترافاً مني بجميلهم، فجزاهم الله عني خير الجزاء.

خالد سعيد أبوهتله

فهرس المحتويات

قائمة الجداول

و

قائمة الأشكال

ي

الملخص

أثر السياسات التنظيمية على التمكين الوظيفي لدى العاملين في الدوائر الحكومية في منطقة تبوك بالمملكة العربية السعودية

خلد سعيد أبوهتله

جامعة مؤتة، ٢٠٠٨

هدفت هـذه الدراسـة إلى التعـرف عـلى أثر السياسـات التنظيميـة عـلى التمكين الوظيفي لدى العاملين في الدوائر الحكوميـة في منطقـة تبـوك بالمملكـة العربيـة السعودية، ولتحقيق أهداف الدراسة تم استخدام استبانة مطورة لغرض جمـع البيانات وتوزيعهـا عـلى أفراد العينة والتي بلغ تعدادها(٧٣٠) مبحوثاً، وتم إعادة (٥٩٠) استبانة، والتي تـم اختيارهـا بالطريقة العشوائية البسيطة، وقد تم استخدام الرزمة الإحصائية للعلـوم الاجتماعيـة(Spss) لتحليل بيانات الاستبانة، وقد توصلت الدراسة إلى مجموعة من النتائج كان من أبرزها:

١- أن درجة توافر السياسات التنظيمية لدى العاملين في الدوائر الحكوميـة في منطقـة تبـوك بالمملكة العربية السعودية جاءت بدرجة مرتفعة.

٢- أن مستوى التمكين الوظيفي لدى العـاملين في الـدوائر الحكوميـة في منطقـة تبـوك جـاء بدرجة مرتفعة .

٣- وجود أثر للسياسات التنظيمية (الأهداف، الدعم التنظيمي، علاقات العمل، الحوافز والترقية، وتقييم الأداء) في مستوى التمكين الوظيفي، في الدوائر الحكومية بمدينة تبوك في المملكة العربية السعودية.

وقدمت الدراسة مجموعة من التوصيات أهمها: ضرورة تشجيع مشاركة المرؤوسين في تقييم أدائهم من قبل الرؤساء، لما له من أثر إيجابي لتحسين أدائهم والتركيز على تمكين العاملين من خلال إشراكهم في اتخاذ القرارات وتعزيز مبدأ العمل بروح الفريق.

Abstract

The Impact of Organizational Policy On Employees Empowerment Applied Study on Administrative Departments in The Region of Tabuk At The Kingdom of Saudi Arabia

Khalid Saeed Abu Hatleh
Mu'tah University , ٢٠٠٨

This study aimed to determine the impact organizational policy on employees empowerment on administrative departments in the region of Tabuk at the kingdom of Saudi Arabia. to achieve this aim, a questionnaire was developed and distributed to (٧٣٠) employees(٥٩٠) were returned, A random sample was chosen, and proper statistic methods were used to answer the study questions and test its hypotheses. And the statistical package of social sciences (SPSS) was used to analyze the data.

The study came out with the following results:

١. the availability of organizational policy of the employees in the administrative departments in the region of Tabuk was high.

٢. the level of employees empowerment in the administrative departments in the region of Tabuk came also high.

٣. there is a statistically significant effect of the organizational policy {organizational goals, organizational support, labor relations, incentives, promotion, and performance appraisal} in the level of empowerment among career workers in the administrative departments in the region of Tabuk at the kingdom of Saudi Arabia.

The study's recommendations include: the need to encourage the participation of employees in the evaluation of performance by the leaders to improve their performance, to focus on empowering employees through their involvement in decision-making and to promote the principle of teamwork

ن

الفصل الأول
خلفية الدراسة ومشكلتها

١,١ المقدمة:

تحتل السياسات التنظيمية أهمية كبيرة في العمليات الإدارية المعاصرة في ظل التطورات الاقتصادية، والسياسية، والتكنولوجية التي يشهدها عالمنا المعاصر، وعليه لا بد أن تعمل السياسات على مواكبة التحديثات والمتغيرات وتتعايش معها.

والسياسات التنظيمية مدخل تخطيطي يساعد الإدارة على مواجهة التغيير المستمر في ظروف البيئة، وكذلك على وضع الحدود التي تتخذ داخلها القرارات، لأنها تقدم أطراً ومناهج لهذه القرارات تجمع بين الرؤيا المستقبلية لاتجاهات العناصر في المنظمة، والطريقة التي يتم بها التعامل مع اتجاهاتها المختلفة.

والسياسات التنظيمية بوصفها تخطيطي تختص بالتعامل مع قرارات الأهداف باستخداماتها، تضمن الإدارة توجيه بدائل القرارات في الاتجاهات الصحيحة وتختص بقرارات توحيد وتكامل وتوافق الإرشادات والتوجيهات، وباستخدامها تستطيع الإدارة القضاء على التضارب أو التنازع في الجهود المبذولة في مواقع مختلفة، وباستخدامها تستطيع الإدارة ضمان فاعلية التنفيذ والارتقاء بالأداء .

وهنالك ترابط ما بين السياسات التنظيمية من جهة، وما بين التمكين الوظيفي من جهة أخرى، بحيث أن التمكين الوظيفي من مشاركة، وأهمية العمل، والعمل الجماعي يتأثر بشكل أو بآخر وبدرجات متفاوتة بأبعاد السياسات التنظيمية المتمثلة بوضوح الأهداف، والدعم التنظيمي، وعلاقات العمل، والحوافز والترقية، وتقييم الأداء.

وتمكين العاملين يمثل العملية التي يسمح من خلالها للعاملين بالمشاركة في العمل وتؤدي المهام والمستويات، وذلك من خلال تفويض الصلاحيات والمشاركة في التدريب

والتطوير والتخطيط ويؤدي ذلك إلى تحقيق رضا العملاء وزيادة الإنتاجية والرضا الوظيفي لدى العاملين.

٢.١ مشكلة الدراسة:

لقد أصبحت حاجة التنظيمات الحديثة لتبني سياسات تنظيمية تتسم بالكفاءة والتجريب والجراءة في اتخاذ القرارات، والسعي نحو الإبداع والتجديد والمعرفة التامة بالعمل ومتطلباته مطلباً مُلحّاً ومهماً، بخاصةً للتنظيمات التي تسعى إلى التّميز في الأداء، والمحافظة على استمراريتها في بيئة تنافسية، نظراً لأهمية الدور الذي يجسده تبني سياسات تنظيمية في تحسين العمل، سواء كان ذلك على صعيد الأنظمة والقوانين والتشريعات، أو على صعيد العمل والهيكل التنظيمي والخدمات المقدمة والسياسات المتبعة، وحتى يتحقق ذلك لا بد من التركيز على التمكين الوظيفي، ومن هنا فان المشكلة التي ستعالجها الدراسة تكمن في الإجابة عن السؤال الآتي: ما درجة توافر السياسات التنظيمية، وما هو تأثيرها على التمكين الوظيفي للعاملين في الدوائر الحكومية في منطقة تبوك في المملكة العربية السعودية؟

٣.١ أهمية الدراسة:

تكمن أهمية الدراسة في كونها تبحث في أثر السياسات التنظيمية على التمكين الوظيفي والتي تعتبر من المفاهيم التنظيمية الجديدة التي بدأ تناولها في الفكر الإداري الحديث والتي تضفي بحداثتها أهمية خاصةً للمنظمات التي تسعى إلى تبني فلسفة ومنهج الإدارة المفتوحة التي تسمح بمشاركة العاملين في إدارة منظماتهم وتمكينها من استغلال الفرص ومواجهة التحديات وزيادة قدرتها التنافسية. ومما يزيد من أهمية الدراسة محاولتها استقصاء أثر السياسات التنظيمية على التمكين الوظيفي في منطقة تبوك بالمملكة العربية السعودية، ويأتي هذا الربط ليوفر مادة نظرية يضاف إليها نتائج المسح للواقع العملي، مما يسهم في التأطير لموضوع الدراسة، علاوة على ما ستوفره هذه الدراسة من نتائج وتوصيات يمكن

الإفادة منها في الدوائر الحكومية في منطقة تبوك بشكل خاص والمنظمات التي تعمل في البيئة السعودية عموما.

كما تنبع أهمية الدراسة من كونها الدراسة الأولى في البيئة السعودية -بحدود علم الباحث- والتي تبحث في (أثر السياسات التنظيمية على التمكين الوظيفي في في الدوائر الحكومية في منطقة تبوك بالمملكة العربية السعودية)، والتي سوف تعتبر حجر الزاوية لدراسات لاحقة، وعملها سوف يغطي جزءاً من الثغرة الموجودة في أدبيات الإدارة السعودية، وتكون مصدراً جديداً في الإدارة العربية.

٤.١ أهداف الدراسة:

تهدف هذه الدراسة في الأساس التعرف على أثر السياسات التنظيمية على التمكين الوظيفي لدى العاملين في الدوائر الحكومية في منطقة تبوك بالمملكة العربية السعودية، كما تسعى إلى تحقيق الأهداف التالية:

١- تكوين إطار نظري وفكري للتعرف على مفهوم التمكين الإداري ومفهوم خصائص الوظيفة.

٢- التعرف على مدى توافر أبعاد السياسات التنظيمية لدى العاملين في الدوائر الحكومية في منطقة تبوك بالمملكة العربية السعودية.

٣- التعرف على مستوى التمكين الوظيفي لدى العاملين في الدوائر الحكومية في منطقة تبوك.

٤- تقديم توصيات ومقترحات لأصحاب القرار، تهدف إلى توضيح مفهوم التمكين وإزالة المخاوف من تطبيقه إن وجدت كممارسة إدارية في الدوائر الحكومية في منطقة تبوك بالمملكة العربية السعودية.

١. ٥ أسئلة الدراسة:

تسعى الدراسة إلى الإجابة عن الأسئلة الأساسية الآتية:

١. ما درجة توافر السياسات التنظيمية، من وجهة نظر العاملين في الدوائر الحكومية في منطقة تبوك في المملكة العربية السعودية؟

٢. ما مستوى التمكين الوظيفي لدى العاملين في الدوائر الحكومية في منطقة تبوك في المملكة العربية السعودية؟

٦.١ فرضيات الدراسة:

الفرضية الرئيسة الأولى: لا يـوجد اثر ذو دلاله إحصائية عند مستوى دلالة (٠.٠٥ ≤ α) للسياسات التنظيمية (الأهداف، الدعم التنظيمي، علاقات العمل، الحوافز والترقية، وتقييم الأداء) في التمكين الوظيفي لدى العاملين في الدوائر الحكومية في منطقة تبوك في المملكة العربية السعودية.

ويتفرع عن هذه الفرضية الفرضيات الفرعية الآتية:

الفَرَضِيّة الفرعية الأولى: "لا يوجد اثر ذو دلالة إحصائية عند مستوى دلالة (٠.٠٥ ≤ α) للأهداف بوصفه بعداً من أبعاد السياسات التنظيمية في التمكين الوظيفي لدى العاملين في الدوائر الحكومية في منطقة تبوك في المملكة العربية السعودية.

الفَرَضِيّة الفرعية الثانية: "لا يوجد اثر ذو دلالة إحصائية عند مستوى دلالة (٠.٠٥ ≤ α) للدعم التنظيمي بوصفه بعداً من أبعاد السياسات التنظيمية في التمكين الوظيفي لدى العاملين في الدوائر الحكومية في منطقة تبوك في المملكة العربية السعودية.

الفَرَضِيّة الفرعية الثالثة: "لا يوجد اثر ذو دلالة إحصائية عند مستوى دلالة (٠.٠٥ ≤ α) لعلاقات العمل بوصفه بعداً من أبعاد السياسات التنظيمية في التمكين الوظيفي لدى العاملين في الدوائر الحكومية في منطقة تبوك في المملكة العربية السعودية.

الفَرَضِيّة الفرعية الرابعة: "لا يوجد اثر ذو دلالة إحصائية عند مستوى دلالة (٠.٠٥ ≤ α)

الحوافز والترقية بوصفها بعداً من أبعاد السياسات التنظيمية في التمكين الوظيفي لدى العاملين في الدوائر الحكومية في منطقة تبوك في المملكة العربية السعودية.

الفَرَضِيّة الفرعية الخامسة: "لا يوجد اثر ذو دلالة إحصائية عند مستوى دلالة (٠.٠٥ ≥ α) لتقييم الأداء بوصفه بعداً من أبعاد السياسات التنظيمية في التمكين الوظيفي لدى العاملين في الدوائر الحكومية في منطقة تبوك في المملكة العربية السعودية.

الفرضية الرئيسة الثانية: لا توجد فروق ذات دلالة إحصائية عند مستوى دلالة (٠.٠٥ ≥ α) لدرجة توافر السياسات التنظيمية في الدوائر الحكومية في منطقة تبوك في المملكة العربية السعودية، تعزى للمتغيرات الشخصية والوظيفية (النوع الاجتماعي، العمر، المؤهل التعليمي، المستوى الوظيفي، الخبرة الوظيفية في الوزارات).

الفرضية الرئيسة الثالثة: لا توجد فروق ذات دلالة إحصائية عند مستوى دلالة (٠.٠٥ ≥ α) لمستوى التمكين الوظيفي في الدوائر الحكومية في منطقة تبوك في المملكة العربية السعودية، تعزى للمتغيرات الشخصية والوظيفية (النوع الاجتماعي، العمر، المؤهل التعليمي، المستوى الوظيفي، الخبرة الوظيفية في الوزارات).

١. ٧ نموذج الدراسة:

يوضح الشكل رقم (١) نموذج الدراسة بمتغيراته المستقلة والتابعة.

الشكل رقم (١)

نموذج الدراسة

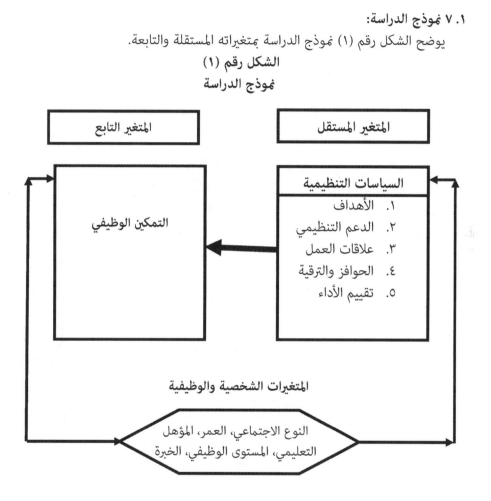

الفصل الثاني
الإطار النظري والدراسات السابقة

٢,١ الإطار النظري

تستند هذه الدراسة في إعداد الإطار النظري على أدبيات الفكر الإداري المرتبطة بالتنظيم بصفة عامة وبالسياسات التنظيمية وأثرها على التمكين الوظيفي بصفة خاصة، لهذا يتناول الإطار النظري:

أولا: السياسات التنظيمية وما يتعلق بمفهومها وأهميتها، وشروطها، وأنواعها، واستراتيجياتها.

ثانيًا: التمكين تعريفه، وأهدافه، وفوائده، ومستوياته، ووسائله، وبيئته.

هذا إلى جانب استعراض المتغيرات ذات العلاقة بإدراك السياسات التنظيمية، والتمكين الوظيفي، وذلك على النحو الآتي:

مفهوم السياسات التنظيمية:

تتفاوت الآراء حول مفهوم السياسات التنظيمية بين الضيق والاتساع أو النظرة الجزئية أو الكلية، وذلك نظراً لاختلاف المداخل والجوانب المختلفة التي يهتم بها الباحثون من جانب، واختلاف خلفيات كتاب الإدارة والتنظيم الـذين كتبوا حوله من جانب آخر. ويُعد مفهوم السياسات التنظيمية من المفاهيم التي تتصف بالغموض، حيث لا يوجد اتفاق محدد بين الباحثين حول تعريف السياسات التنظيمية (Kacmar, ١٩٩٩)، فالمحاولات الأولية للتعرف ترى أن السياسات التنظيمية تمثل نوعاً من السلوك الذي يتمثل باستخدام السلطة في العمل، والذي يمارس بوجه خاص في مجال توزيع الموارد في المنظمة (,Gandz and Murray ١٩٨٠)، ومن هذا المدخل فإن السياسات التنظيمية عبارة عن ممارسة الأنشطة التي لا تُعد ضمن الدور الرسمي المحدد للفرد، وتهدف إلى التأثير في عملية

توزيع الموارد داخل المنظمة بطريقة تحقق المنافع والمكاسب لبعض الأفراد أو الجماعات في المنظمة (Drory and Romm, ١٩٩٠).

وهنالك فريق آخر من الباحثين من أمثال روبينس وآندرسون وكاكمير (,Robbins ٢٠٠١; Andrews and Kacmar, ٢٠٠١) يرون أن السياسات التنظيمية تمثل سلوك ذو طابع استراتيجي موجه، يسعى من خلاله الفرد إلى تحقيق منافع خاصة تتعارض مع مصالح الآخرين أو تتعارض مع أهداف المنظمة.

فالسياسات التنظيمية تمثل عملية تأثير حركية وترمي إلى تحقيق نتائج محددة من خلال وسائل مختلفة (Randall et al., ١٩٩٩). أو هي أدارة التأثير التي يسعى من خلالها الفرد تحقيق نتائج ليست مقيدة من قبل المنظمة (Mayes and Allen, ١٩٨٣). أما (القريوتي، ٢٠٠١: ١٦) فيرى أن السياسات التنظيمية تعبر عن "التحسين المستمر في أداء الإدارة من خلال إتباع الأساليب العلمية في العمل، وعلاج المشكلات التي تظهر، ودعم القرارات الإدارية".

والسياسات بصفة أساسية تعبير صريح أو مضمون عن تلك المجموعة من المبادئ والقواعد التي وضعت بمعرفة المديرين لتوجيه وضبط الفكر والعمل التنظيمي(الهواري، ١٩٩٦)

وتؤدي السياسات التنظيمية إلى زيادة التزام العاملين وإحساسهم بالتنمية الذاتية (Eisenberger, et al, ١٩٩٧)، هذا إلى جانب أن شعور العاملين وإدراكهم بهذا الدعم وتلك المساندة سيمدهم بمزيد من العناية والاهتمام بتنمية خبراتهم ودافعيتهم نحو العمل والإنتاجية.

ويرى فيريز وآخرون (Ferris et al, ١٩٩٦) أن فهم السياسات التنظيمية يتم من خلال رؤية الموظفين لبيئة عملهم وإدراكهم لبعض الممارسات التي يمكن وصفها بأنها سياسات تنظيمية. حيث أن التركيز على ما يراه ويدركه الموظف يعد تحديداً واضحاً للنشاط

السياسي التنظيمي داخل أروقة العمل، في حين يرى (Andrews and Kacmar,٢٠٠١) أن السياسات التنظيمية ما هي إلا انعكاس لرؤية الأفراد تجاه ما يحدث في بيئة عملهم، فالبعض يرى أن الممارسات التي تحدث في بيئة العمل هي سياسات تنظيمية، والبعض الآخر يرى عكس ذلك، وهذا كله يعتمد على التفسير الشخصي للفرد.

وعليه يمكن القول بأن السياسات ما هي إلا خططاً توضع لمعالجة قضايا معينة تظهر من خلال تنفيذ الأعمال على المستوى الداخلي للمنظمة.

أهمية السياسات: The Importance of Policies

تُعد عملية وضع السياسات التنظيمية ذات أهمية بالغة للمنظمة مهما كانت طبيعة العمل الذي تزاوله وذلك للأسباب الآتية (عدنان، ١٩٩٣):

١. تساعد السياسات على ربط المنظمة بالظروف البيئية المتغيرة والتي تؤثر عليها، حيث أن التغيرات السريعة التي تسود عالم اليوم تجعل عملية وضع السياسات التنظيمية هي الوسيلة الفعالة لمعرفة هذه المتغيرات والاستفادة من الفرص التي تخدم أهداف المنظمة وتقليل المخاطر التي تتعرض لها .

٢. تُعد السياسات من الأمور الضرورية عند تفويض السلطة، ويقوم المفوض باستخدام السياسات التي تزود المفوض إليه بالإرشادات لما يجب عمله .

٣. تحدد السياسات التي سوف تأتي من خلال تحديد إطار عمل كل فرد مما يؤدي إلى حالة من الانسجام والتنسيق بين الأفراد ورفع كفاءتهم .

٤. يؤدي استخدام السياسات إلى زيادة ثقة المدير بنفسه فيقل الشك والتردد ما دام أنه يتصرف طبقاً للسياسات الموضوعية، كما أن للسياسات دوراً في عملية التنمية الإدارية لكونها تنمي من يقومون بتطبيقها وتكسبهم خبرات ومهارات جديدة .

شروط السياسات: للسياسات شروط ومن أهمها ما يأتي:

١. المرونة: بحيث تتلائم مع التغيرات التي تحدث في مجال الأعمال .
٢. الترابط: يجب أن يكون هناك ترابط بين السياسات والأهداف من جهة، والسياسات مع بعضها البعض من جهة أخرى، فالسياسات التي لا تخدم الهدف الموضوع للمنظمة فإنها تعيق تحقيق المنشأة لأهدافها، كما أن السياسات الرئيسة يجب أن تتكامل مع السياسات الفرعية.
٣. التمييز: يجب أن تكون السياسات متميزة عن القواعد والإجراءات، وهذا مهم بالنسبة لعملية التخطيط وتفويض السلطة .
٤. الوضوح: يجب أن تكون السياسات واضحة وبعيدة عن الغموض، وكل ما يؤدي إلى مزيد من التوضيح يجب أن يعتمد من قبل الإدارة سواء عبر كتابة السياسات أو نشرها (عبد السلام، ١٩٩٢) .

ويرى (العقيل، ٢٠٠٤) في كتابه الإدارة القيادية الشاملة بأن هناك مسائل مهمة في السياسات يجب الحديث عنها وهي:

أ. المدير القيادي: يجعل جميع الأعمال والمهام وطرق تنفيذها منضبطة ومحكومة بأهداف وقيم المنظمة، ويضع لها سياسات وإجراءات واضحة تحدد ضوابطها.
ب. المدير القيادي يعمل على بناء وصياغة السياسات والإجراءات أليا، عن طريق البرامج الإدارية والمالية والفنية الشاملة المترابطة المبنية على أسس علمية ومنهجية وعملية سليمة .
ج. المدير القيادي يطلع بشكل جيد على عموم المنظمة والسياسات والتعليمات الداخلية الخاصة بمنظمته أو الخارجية التي تحكم البيئة السياسية والاجتماعية والاقتصادية العامة.

د. يجب تحديث ومراجعة السياسات والإجراءات والآليات والبرامج والنماذج بشكل شامل مرة كل ثلاثة أعوام تقريباً، بإشراك جميع أصحاب العلاقة.

ه. هناك لوائح وأنظمة وسياسات وتوجيهات عامة تصدر من خارج المنظمة والمدير القيادي لا يتقيد بحرفيات نصوصها وبنودها، بل يكون فيها واسع الفكر بعيد النظر ويحسن الاستفادة منها لما يحقق مصلحة منظمته.

تطور مراحل إعداد السياسات التنظيمية: من الصعب تتبع مراحل التطور التي مرت بها السياسات التنظيمية، وعليه قبل الشروع في التطور للمراحل التي مرت بها يجب ضرورة توفر عنصرين هامين هما:

١. وجود أهداف محددة وواضحة تساعد على تعريف المنظمة في البيئة التي تخدمها كما تساعد متخذي القرارات في عملية اتخاذ القرار .

٢. توافر الكفاءات الإدارية المؤهلة للقيام بمهمة وضع السياسات التنظيمية، حيث تُعد هذه العملية مجال وظيفة العديد من الأفراد كمديري الإدارة العليا ومجال المديرين الذين تقع على عاتقهم مسؤولية فحص النتائج الناجمة عن استخدام هذه السياسات وهيئة المستشارين .

أما بالنسبة للمراحل التي تمر فيها عملية وضع السياسات التنظيمية فيمكن تقييمها إلى المراحل الآتية:(حسين، ١٩٩٣).

أولاً: مرحلة التكوين: (Formation Stage)

الركيزة الأساسية لهذه المرحلة هي جمع وتحليل المعلومات الخاصة المتغيرات البيئية الداخلية والخارجية، حيث تمثل المعلومات الصحيحة والمتجددة أحد العناصر الهامة في تكوين السياسات إذ تمكن الإدارة من تحليل وتقييم موقف المنشأة وما تتصف به من قوة وتمييز وما تعاني منه من ضعف.

تعتمد الإدارة وبشكل عام على ثلاثة أنواع من البيانات:

١. البيانات التاريخية (Historical Data) وتوضح معطيات تمت في فترة سابقة كأرقام المبيعات والإنتاج ... الخ.

٢. البيانات الحاضرة (Current Data) وتصف هذه المعلومات الواقع الراهن للمنشأة مثل أرقام المخزون، المبيعات، القوى العاملة ... الخ.

٣. البيانات المستقبلية (Future Data) وهي تنبؤات بالأحداث المحتملة في المستقبل. مصادر المعلومات المتعلقة بمتغيرات البيئة والداخلية في تصميم السياسات التنظيمية فتقسم إلى مصدرين أساسيين هما:

١. المصدر الأول: المعلومات الخارجية: وتصف هذه المعلومات المناخ المحيط بمنظمات الأعمال والتي من خلالها يمكن اكتشاف الفرص المتاحة للمنشأة وكذلك التهديدات التي تواجهها.

٢. المصدر الثاني: تصف هذه المعلومات وتحلل الأنشطة التي تقوم بها المنشأة فتحدد نواحي الضعف أو القوة الحالية المستقبلية والتي بها ستواجه المنشأة الفرص والتهديدات النابعة من البيئة الخارجية(حسين، ١٩٩٣).

ثانياً: مراحل التقييم والاختيار (Policy Choice and Evaluation)

وتنطوي هذه المرحلة على عمليتي التقييم والاختيار وتقييم البدائل التي يمكن من خلالها تحقيق الأهداف وذلك تمهيداً لاتخاذ القرار بالسياسات التي تحققه هذه الأهداف وتناسب ظروف عمل المنشاة. (إسماعيل، ١٩٩٣)

ثالثاً: مرحلة الإصدار والتنفيذ(Implementation)

لا تنتهي علمية وضع السياسات التنظيمي بمجرد اختيار أفضل البدائل، فالاختيار لا يعني أن الإدارة سوف تتبع القرارات التي اتخذت، بل يتطلب الأمر ضرورة تعريف وإبلاغ القائمين بالتنفيذ بالسياسات المطلوب انجازها (إسماعيل، ١٩٩٣).

رابعاً: مرحلة التقييم والمراجعة:(Evaluating The Policy)

تُعد عملية تقييم السياسات آخر المراحل التي تمر فيها عملية رسم وإعداد السياسات التنظيمية ويقصر بالتقييم تلك العملية التي تمكن المديرين من مقارنة نتائج تنفيذ السياسات بمستوى انجاز وتحقيق الأهداف. (إسماعيل، ١٩٩٣)

متطلبات صنع السياسات:

عند صنع السياسات هناك بعض المتطلبات المهمة الواجب الأخذ بها والعمل على تهيئتها لتحصل المنظمة على السياسات الجيدة لتمشية أعمال المنظمة وهذه المتطلبات هي (جواد والمؤمن، ٢٠٠٠):

١. استخلاص الاتجاهات العامة للأهداف والاستراتيجيات المستقبلية وتحديدها حسب حاجة المنظمة .
٢. دراسة الاستراتيجيات والسياسات القائمة للوقوف على مدى ملائمتها لتحقيق الأهداف وقبل الدخول في مجال صنع السياسات جديدة .
٣. استخلاص المسارات التنفيذية للاستراتيجيات والأهداف وتحديد نقاط الضعف والقوة في مسيرة المنظمة .
٤. تحديد الأنشطة والفعاليات والوظائف الأساسية المطلوب صنع سياسات لها .
٥. تحديد نوع المعلومات والبيانات المطلوبة لصناعة السياسات .
٦. استخلاص النتائج الأولية والتنبؤ بها في ضوء الفقرات السابقة.

أنواع السياسات

يمكن تقسيم السياسات من حيث تأثيرها في المنظمة ودرجة شمولها الى ثلاثة أقسام هي:

أولاً: السياسات الأساسية:

هي السياسات التي تتوقف عليها جميع السياسات الأخرى وتكون مدونة في لائحة التأسيس ومتصلة بأهداف المنظمة ومبرر وجودها فإذا تغيرت هذه السياسات تغير الشكل الجوهري والموضوع للمنظمة وتطلب الأمر إعادة تكوينها، وعلى هذا يجب أن تكون هذه السياسات واسعة النطاق مرنة تسمح للتغيرات التي يمكن أن تحدث في المستقبل (الهواري، ١٩٩٦).

ثانياً: السياسات العليا:

هي السياسات التي توضع بمعرفة الإدارة العليا في المشروع بعكس السياسات الأساسية التي قلنا أنها تكون مدونة في نظام التأسيس وموضوعة بمعرفة المؤسسين، وأصحاب رؤوس الأموال، وهي بوجه عام أكثر تفصيلاً من السياسات الأساسية، ولكنها تتصل بأعمال المشروع ككل.

ثالثاً: سياسات تشغيلية:

هي السياسات التي تتعلق بنشاط معين: مثل سياسات لأراء وسياسات الإنتاج وسياسات البيع وسياسات النقل وسياسات التخزين وسياسات التوزيع وسياسات الإعلان وسياسات الائتمان، وسياسات الأفراد،... الخ، وهذه السياسات تستمد من السياسات العليا وتتم في حدودها وهي تمتد إلى السياسات الأساسية المستمدة أصلاً من المبرر من إنشاء المنظمة (الهواري، ١٩٩٦).

كتابة السياسات في شكل لائحة

إذا لم تكن السياسات مكتوبة فإنه غالباً ما ينشأ كثير من الخلافات بين الرؤساء عن ماهية السياسات المتبعة بالضبط، فهذا يعد بأن هذه هي السياسات المتبعة وذاك يعد على أن تلك هي السياسات المتبعة ولا يستطيع حتى الرئيس حسم الموضوع فسنجد أن البعض ما زال غير مقتنع، وفي حالة غياب الرؤوساء أو استقالتهم أو حتى نقلهم إلى جهة أخرى فإن السياسات المكتوبة ضمان لتحقيق الاستقرار بالنسبة لأنها تعين في ضبط وتوجيه أكفار الرؤساء الجرد، وبمجرد وضع سياسات جديدة أو تعديل سياسات قائمة ،فإنه من الأهمية بمكان إفساح المجال للمرؤوسين لمعرفة وفهم التغيرات الجديدة وفي كل الأحوال يجب عدم إظهار السياسات الحديدية أو التعديلات بشكل مفاجئ لا يتوقعه المرؤوسون، وإنما من الضروري أن تؤخذ آرائهم في المراحل الأولى لدراسة السياسات أو تعديلاتها: (الهواري، ١٩٩٦).

وفيما يلي شكل يبين مختلف أنواع السياسات التنظيمية حسب المستويات الإدارية المختلفة .

الجدول (١)

أنواع السياسات حسب المستويات الإدارية المختلفة (الهواري، ١٩٩٦)

أنواع السياسات	تستخدم بصفة أساسية بواسطة	درجة التأثير	درجة الشمول	الأهمية
أساسية	الإدارة العليا (المدير العام)	تؤثر في كل جزء من المشروع	عامة وشاملة	هامة جداً
عليا	مديري الإدارات	غالباً ما تؤثر في كل جزء من أجزاء المشروع	خاصة ومحدودة إلى درجة	هامة
تشغيلية	رؤساء الأقسام	تؤثر في الأعمال اليومية	محدودة	أقل في الأهمية

الكفاءات الإدارية لوضع الاستراتيجيات والسياسات التنظيمية:

أولاً: مديرو الإدارة العليا كاستراتيجيين:

مديرو الإدارة العليا بأية منظمة هم أعضاء السلطة الإدارية العليا يصلون قمتها ومسئولين مسؤولية كاملة عن حياة المنظمة ومستقبلها، فالمدير مسؤول عن تحديد طبيعة النشاط الذي تزاوله المنظمة والصناعة التي ينتمي إليها هذا النشاط (الهواري، ١٩٩٦).

ثانياً مجالس المديرين ودورهم في رسم السياسات التنظيمية .

مجلس المديرين في منظمات الأعمال السلطة الشرعية والمطلقة وهو المسئول الأول أمام أصحاب المنظمة(الهواري، ١٩٩٦) .

ثانياً: هيئة المستشارين:

وتعتبر هيئة المستشارين أحد الكفاءات التي يمكن أن تستعين بها الإدارة العلا في المنظمة عند وضع السياسات وتتمثل لنصائحهم في تصميم وتنفيذ وتطبيق نظام التخطيط للمنظمة، وهم بذلك يقدمون الخدمة التي تقدمها أقسام التخطيط المشترك أو هيئة المخططين أو زلل في حالة عدم وجودهم أو في حالة تفضيل المنظمة استخدام وجهات نظر خارجية في وضع السياسات التنظيمية (راغب، ١٩٩٠).

سياسات الأفراد:

سياسات الأفراد هي نوع من السياسات التنظيمية لأن اختيار الفرد والموارد البشرية مسألة ضرورية في أعمال المنظمة، وتهدف سياسات الأفراد إلى تأمين الاحتياجات من الموارد البشرية وتنميتها، أي لا تكتفي بالحصول على موظفين وعمال، وإنما تقوم بتنمية كفاءاتهم ومهاراتهم الإدارية (حسين، ١٩٩٣) .

خصائص السياسات التنظيمية:

يشير (الشبيب، ١٩٩٩) إلى أن أهم الخصائص للسياسات التنظيمية ما يلي:

١. تمييز هذا النوع من السياسات بحصوله على مساندة قوية من مجموعات وجهات تنظيمية مختصة بحماية النظم، كما يتميز هذا النوع حصوله على مساندة تكتيكية من مجموعات منشره في نطاق تأثير البرنامج.

٢. ومن خصائص السياسات التنظيمية أنها تحصل على مساندة من المسؤولين عن وضع الأنظمة أو القانونيين أو هي تحصل على مساندة هذا البرنامج أكثر مما تحصل عليه من المساندة في مرحلة التطبيق.

٣. كذلك من خصائص السياسات أنها تعتمد على مساندة القطاع العام الواسع لها فإذا استمرت هذه المساندة فأن ذلك سيؤدي إلى تملك هذه البرامج الشرعية اللازمة لفرض أنظمتها على التنظيميين.

٤. كذلك من طبيعة العلاقات المحيطة بهذه السياسات التنظيمية أنها تفرض على التنظيميين وجوب الاتفاق على الذين تأثروا بها عندما تصف مساندة المجتمع الواسع التكتيكية.

٥. من خصائصها أيضاً أنه عندما تصل هذه السياسات إلى البيروقراطيين لتطبيقها فإنهم يستخدمون إستراتيجيتين للتكييف منها، أحداهما هي إستراتيجية خاصة بمقايضة التنظيم الذي يتولى هذه السياسات أما الإستراتيجية الثانية التي يستخدمها البيروقراطيين فهي اللجوء للقانون.

٦. كذلك من خصائص السياسات التنظيمية أن أنظمتها وترتيباتها ووصفها الشرعي يجابه بتحدٍ قانوني ما لم يتفق مسبقا على الوسيلة القابلة للتطبيق.

٧. كذلك ومن خصائص السياسات التنظيمية: إتباع الإجراءات اللازمة التطبيق قوانينها يعتمد على الاتفاق على أسلوب تطبيق هذه الإجراءات وعلى مدى توفر إمكانات تنظيمية تنظم على الرسميين.

قواعد وشروط العمل في السياسات التنظيمية:

تعتبر قواعد العمل مفهوماً مهماً في عملية تحديد المتطلبات للمعلومات المعتمدة على الحاسب والمستندة إليه والتي كانت مستعملة من قبل محترفي تقنية المعلومات وقواعد البيانات.

وبعض الباحثين أشاروا أن قواعد العمل يجب أن تثري بيانات حول المنظمة ونركز على السياسات وقواعد العمل، من الجهة الأخرى فقد ربطنا قاعدة العمل إلى المتطلب الأساسي، لنجعل من الممكن تطبيق وجهة نظر السياسات التنظيمية، والتي تفهم بشكل أفضل من قبل المدراء المتوسطين والأعلى(Nye&.Witt, ١٩٩٣)

أبعاد السياسات التنظيمية:

فيما يلي عرض لأبعاد السياسات التنظيمية والتي ارتكزت عليها الدراسة:

١. وضوح الأهداف:

عند إيضاح رؤية ورسالة المنظمة للعاملين، فأنهم بلا شك سيشعرون بامتلاكهم القدرة على التصرف بحرية في عملهم بدلاً من انتظار الأوامر والتوجيهات من المشرفين. وتحتاج الإدارة العليا إلى خلق إجماع حول رؤية ورسالة المنظمة والقيم والأهداف التي تسعى لتحقيقها. وتوفر رؤية المنظمة بالتأكيد تحدى للموظفين لبذل أقصى قدراتهم لتحسين أداء المنظمة وأدائهم (Wolfe, ١٩٩٤:٣٨).

إن الصفة الأكثر تميزاً لبلورة السياسات التنظيمية هو أن تكون الأهداف المراد إنجازها واضحة، ومحددة، وقابلة للقياس، وأن تكون مرنة، بحيث تأخذ في الاعتبار البيئة المتغيرة، والمنافسة الحادة في الأسواق، حيث أنه من المتفق عليه، إن وضع تحديد الأهداف

يعدّ ضرورياً، لأنة يمنع المجادلات الدفاعية وسوء الفهم بين أعضاء المنظمة ويعطي دافعيه أكثر وصراعاً أقل واستخداماً أقل للوقت وابتكاراً وإبداعاً من قبل العاملين (Dougherty & Hardy, ١٩٩٦: ١٤).

وإن وضوح الأهداف هي من أهم العوامل التي تؤثر في السياسات التنظيمية، وهذه الأهداف عندما تحدد تعمل على دفع وتوجيه سلوك الأفراد لأداء النشاط المطلوب. ويتم عمل ذلك بمشاركة المشرفين والعاملين في آن واحد، وعادة ما يقود تصميم الأهداف إلى الفهم المتبادل والناضج بين المديرين والعاملين (Witt et al., ٢٠٠٠)

حين تنشأ المنظمة لابد من أن يكون لها العديد من الأهداف التي تسعى لتحقيقها، وتجدر الإشارة هنا إلى أن موضوع تحديد الأهداف ليست بالدرجة السهلة وليست على قدر من البساطة والوضوح حيث إن فكرة تحديد الأهداف في غاية التعقيد إذ إن أهداف المنظمة غالبا ما تكون غير واضحة، كما أن الأهداف بشكل عام غالباً ما تكون مكونة من أهداف قصيرة وبعيدة المدى، وأن المنظمة تسعى إلى تحقيق عدة أهداف إحداها قد يعيق تحقيق الأهداف الأخرى، وان الأهداف تتغير من مرحلة إلى أخرى، حيث يجسد هذا المدخل بشكل واضح أسلوب الإدارة بالأهداف حيث تكون الأهداف واضحة، وقابلة للتحقق وممكن قياسها وتحقيقها خلال الحقبة التي حددت مسبقا (السالم، ٢٠٠٢: ٨).

ووجد (Mostafa, ٢٠٠٥: ٥) أن هناك علاقة قوية بين وضوح الأهداف والسياسات التنظيمية. فالأهداف والمهام التي عادة ما تتميز بمرونة عالية تدخل في مرحلة عدم التأكد والغموض. فعل سبيل المثال، غياب تحديد الهدف قد يؤدى إلى تضارب في الهدف عبر العديد من أصحاب المصالح. وغموض أو عدم وضوح خطوط السلطة قد يخلق كذلك حالة من عدم التأكد عندما يحاول الأفراد إرضاء توقعات العديد من أصحاب المصالح في المنظمة. فعندما يكون الأفراد على معرفة باتجاه المنظمة، فأنهم يشعرون بقدراتهم على أخذ المبادرة. وكذلك عندما يكونوا على تفهم ومعرفة تامة بأداء الإدارة التي يعملون لديها، فأنهم يكونوا

في وضع لاتخاذ القرار أو التأثير على القرارات لتحسين الأداء. إذ أن رسالة المنظمة التي تركز على أن المورد البشرى يعتبر عنصر حاسم من أصول المنظمة فإنها بذلك ترسل رسالة للعاملين بأن المنظمة تقدرهم.

٢. علاقات العمل:

أن الأسلوب الذي تتبعه الإدارة يحدد نمط تعامل العاملين معها، فالإدارة التي تعامل الموظفين بصدق وأمانة وإخلاص تحصل على تعاونهم وإخلاصهم في العمل وحرصهم على مصلحة المنظمة.

والثقة تمثل جانب آخر من جوانب ممارسة العدالة بين الناس، فالإدارة التي تتعامل مع كافة الموظفين بروح العدالة والأنصاف تكون موضع ثقة، هذا من جانب. ومن جانب آخر، فإن تمتع الرؤساء بالثقة بأنفسهم يجعلهم يتحلون بقدر كبير من التسامح والتقدير والتفهم للناس، الأمر الذي يمكنهم من مساعدة الموظفين على التغلب على جوانب ضعفهم وتطوير مهاراتهم بحيث يصبحوا راضين عن عملهم ومقتنعين به، وهؤلاء الرؤساء هم الجديرون حقاً بأن يعمل المرء تحت إشرافهم ويمنحهم ثقته.(عواد ،١٩٩٥: ٥١)

ويؤكد اندروز كاكمار (Andrews, & Kacmar, ٢٠٠١) على أن سلوك الإدارة تجاه العاملين له تأثير لا ينكر في تحديد صورة المنظمة داخل أذهان الأفراد العاملين فيها؛ فحينما تقوم الإدارة مثلا بوضع سياساتها الرئيسة بمعزل أو بعيداً عن مشاركة العاملين ودون اعتبارات لأهدافهم الخاصة فإن احتمال وجود مناخ تنظيمي سلبي في أذهان العاملين يكون أمرا متوقعا جداً. وعلى العكس، فحينما تكون ممارسات الإدارة وسياساتها مبنية على التشاور المتبادل والمشاركة في اتخاذ القرارات الأساسية والخاصة بعمل الأفراد ،وفي ضوء المراعاة لأهدافهم الذاتية أو الشخصية، فإن شعوراً بالثقة المتبادلة والصراحة وتحمل المسؤولية يكون عالياً بين الأفراد، الأمر الذي يترتب عليه احتمالية رسوخ الصورة المشرقة للمنظمة في أذهان الموظفين.

٣. الحوافز والترقية:

يرى (Luthans, ١٩٩٢: ١١٤)، بأن للحوافز أبعاداً مهمة، تتمثل في كونها تعكس البُعد العاطفي عند الموظفين إزاء وضعية العمل وطبيعة أجوائهِ في المنظمة، وكذلك إنه وسيلة للتعرف على كيفية توحيد الاتجاهات نحو الأهداف وتركيز النتائج حيالها، وبالتالي إمكانية التعرف على الاتجاهات غير المتوقعة، بالإضافة إلى أن الحوافز تُمثّل أنماطاً متعددة من الاتجاهات والعلاقات، حول طبيعة العمل القائم في المنظمة، وحول الموقف الإنساني من مقدار المكافآت التي تمنحها المنظمة للموظفين، وطبيعة فرص الترقية الممكنة في المنظمة وحول أساليب الرقابة وطرق الأشراف المعمول بها مع الموظفين، وحول سمات العلاقات القائمة بين الموظفين أنفسهم .

إن استفادة إدارة المنظمات الإدارية، من الاهتمام بالحوافز، يكون في سبيل تركيز الجهود والتعرف على جدواها وعلى إنجازيه الموظفين العاملين تحت لوائها، وهذا كله مدعاة لكي تقف الإدارة بعين الإطلاع على حقيقة الأداء والإنتاجية، وعلى نواحي التقصير والتحولات المطلوبة، من خلال الاهتمام بالحوافز، التي تسهم وبدرجة فاعلة، في بيان المعطيات التقويمية لهذه النواحي الأساسية في داخل المنظمة الإدارية (٦٧٤ – ٩٦٣ :١٩٩٢ , Ostroff).

وتُعد الحوافز أداة طبيعية ومهمة في أيدي القيادات الإدارية والمشرفين الإداريين في أي منظمة، حيث يمكن استخدامها لتؤدي وظيفة مهمة في تنظيم سلوك العاملين نحو أنفسهم ونحو غيرهم، ونحو المنظمة وأهدافها وطموحاتها وإدارتها ونحو الإنتاجية وعملياتها (عساف، ١٩٩٩ :٨٥) .

وبذلك يتضح لنا أن الحوافز تلعب دوراً هاماً في حفز العاملين على العمل وتحسين أدائهم وزيادة إنتاجهم من حيث النوعية والكمية، وتحسين أداء العاملين وزيادة إنتاجيتهم يتوقف على مدى توافر الشروط التالية(Cacioppe ١٩٩٩ :٣٢١):

١. مستوى قدرة العامل على العمل وكفاءته .

٢. وجود حافز عند العاملين حفزه على العمل والنشاط .

٣. عدم ظهور التعب على العامل والذي من شأنه إنقاص كمية الإنتاج ونوعيته.

٤. تدريب العامل لزيادة معلوماته وقدرته وكفاءته .

ويشير (Abendschein, ٢٠٠٤) أن نجاح أي منظمة في الاستجابة لحاجات موظفيها من الخدمات العامة التي تقدمها يعتمد على مقياسين رئيسين: الأول هو المقياس الموضوعي الذي يعتمد على المعلومات الموثقة في السجلات الموجودة في المؤسسة للحكم على فعاليتها، وذلك باستخدام معايير الكفاءة والعدالة في توزيعها. أما المقياس الثاني فهو مقياس شخصي أو ذاتي يعتمد على استطلاع آراء العاملين لمعرفة مستوى رضاهم عن التي تقدم إليهم.

٤. تقييم الأداء:

يُنظر لعملية تقييم الأداء على أنها أحد أهم أسس السياسات التنظيمية، حيث يتم من خلالها متابعة أداء الموظف وتحسين قدراته الوظيفية، وتُعد من الموضوعات الحساسة في تصميم وإعداد برامج تطويرية تتناسب مع ظروف المؤسسة واحتياجاتها وقدراتها الفعلية، وبدون إجراء تقييم لأوضاعها سيكون من الصعب على المنظمة إعداد خطط وبرامج مناسبة.

ولعملية التقييم أهمية كبيرة للمؤسسة التي تبحث عن النجاح من خلال التحسين والتطوير المستمر في أداء العاملين فيها، وخاصة إذا تمت هذه العملية على وفق أسس موضوعية بعيدة عن التحيز، ويؤكد (Daniels & Gail.٢٠٠٢) أن التقييمات التي تحدث أثناء فترة العمل تقدم معلومات عن مستوى الأداء وتتيح التنبؤ باحتمالات المستقبل واحتياجات التطوير، كما تمد الفرد بمعلومات عن أدائه الفعلي الجيد أو غير الجيد، وعن رؤية المنظمة للفرد التي قد تختلف عما يراه أو يعتقده الفرد بشأن أدائه.

وتستند عدالة تقويم الأداء إلى جملة من المقومات الأساسية والهامّة، تقوم على حقيقة أساسية وهي رغبة العاملين في المنظمات بالحصول على معاملة عادلة، وتركز على أن اعتقاد

العامل بأنه يعامل معاملة عادلة مقارنة مع الآخرين، وعليه فإن مقومات وأسس عدالة تقويم الأداء تعتمد على حقيقة المقارنات التي يمكن بناؤها استناداً إلى مقتضيات الدافعية والحفز في السلوك التنظيمي والإداري، حيث أن هذه المقومات تصب في كيفية إدراك العاملين لعدالة تقويم الأداء في منظماتهم بحسب الصيغة الإدراكية لتشكيل العدالة وعلى النحو الآتي: (حسن، ٢٠٠٢)

١. تقييم الفرد لموقفه الشخصي على أساس مدخلاته إلى المنظمة والنواتج التي يحصل عليها.

٢. تقييم المقارنات الاجتماعية للآخرين على أساس مدخلاتهم إلى المنظمة ونواتجهم من المنظمة.

٣. مقارنة الفرد لنفسه مع الآخرين على أساس المعدلات النسبية للمدخلات والمخرجات.

٤. ممارسة الشعور بالعدالة أو عدم العدالة.

ويرى (السالم وصالح، ٢٠٠٢) أن كل المنظمات تبدي تقريبا أهمية قصوى لعملية تقويم أداء العاملين. فمن خلالها يمكن للمنظمة:

١. أن تتأكد من أن جميع الموظفين قد تمت معاملتهم بعدالة.

٢. يسهم تقويم الأداء في توفير الأساس الموضوعي، والعادل لكثير من أنشطة الموارد البشرية كالترقية والنقل والحفز وغيرها.

٣. يعتبر تقويم الأداء أساس جوهري لعمليات التطوير الإداري؛ فمعرفة مستوى أداء موظف تمهد له الطريق وبالاتفاق مع رئيسه حول الخطوات القادمة فيما يتعلق بتطوير أدائه وتحسين إنتاجيته.

٤. من شأن الحوار بين الموظف ورئيسه حول نتائج التقويم أن يظهر جوانب النقص في سياسات المنظمة وأنظمتها.

٥. الدعم التنظيمي:

إن تبني الإدارة فلسفة إنسانية الإنسان من خلال إشراكه في اتخاذ القرارات ومناقشته في حل مشكلات العمل المطروحة من أجل أن يشعر بإسهاماته في تحقيق الأهداف المطلوبة، ودعم المرؤوس ومساعدته عند الحاجة وتوجيهه دون انتقاد أو تحامل، مدعاة لبناء الثقة المتبادلة والاستقرار النفسي والتقدم بالأفكار المبدعة والقضاء على جميع مظاهر التسيب والتذمر والتغيب والتمارض والتأخر عن العمل. وينظر بيرسون (Perarson, ١٩٩٠) للدعم التنظيمي باعتباره تغذية راجعة تساعد الفرد في تقويم سلوكاته وأفكاره على وفق ما يحصل عليه من المنظمة.

ويشير (العامري، ٢٠٠٥) إن ولاء الفرد لمنظمته لا يكفي دوماً للوصول إلى حلول مبتكرة لمشاكل المنظمات، بل لا بد للتفكير المبتكر إن يتم رعايته وتشجيعه من قبل المنظمة، وذلك بإيجاد مناخ العمل الملائم الذي يعد ضرورياً للسياسات التنظيمية.

ويعد الدعم التنظيمي من أحد المؤثرات المحفزة على إيجاد السياسات التنظيمية، حيث يوفر هذا الدعم الانسجام بين العاملين والإدارة، ويتيح الفرصة للنمو والتطور وتحقيق الطموحات الفردية، وتسهيل طرق وأساليب العمل سيادة التفاعل والحوار بين الأفراد، بما يكفل الاستفادة من الطاقات والقدرات الكامنة لدى الإفراد والعاملين بالمنظمة من أجل تحقيق مصلحة المنظمة والفرد معاً (Chandler, et.al, ٢٠٠٠).

يبين كوادرن (Caudron,١٩٩٥) والمشار له في (الحراحشة، والهيتي، ٢٠٠٦: ٢٤٨) الدعم التنظيمي والذي يوفر البيئة التنظيمية للسياسات التنظيمية:

١. وجود فرق عمل موجهه ذاتياً (Self directed teams)

٢. مشاركة المسؤولين لكافة العاملين بالمعلومات المتعلقة بأهداف وتوجيهات المنظمة وبحريه.

٣. يتلقى العاملين التدريب اللازم لتحقيق الأهداف مثل مهارات العمل المطلوبة أو المسائل التعليمية مثل إدارة الوقت والقيادة وغيرها.

٤. يطور العاملون مهارات عمل جديده باستمرار.

٥. يتفهم المدراء ويقدرون التحديات المتعلقة بتمكين العاملين من خلال سلوكهم كمعلمين ومدربين بدلاً من كونهم رؤساء . كما انهم يمكنون العاملين تدريجياً وبشكل منظم كأعضاء في فريق واحد ومستعدون طواعية للتطوير وليسوا مدفوعين إليه.

٦. يستثمر المستخدمون المصادر والموارد الموجودة ويضبطون استخدامها لتحقيق الأهداف.

٧. توجِد المنظمة معايير لضمان تفعيل وتنفيذ آراء وأفكار أعضاء الفريق والاستفادة منها.

٨. يعامل أعضاء الفريق بالأسلوب الإيجابي ويزودوا بالمعلومات عن أداءهم المتميز الأمر الذي يؤدي إلى رفع معنوياتهم.

مفهوم التمكين الوظيفي

لا يختلف مفهوم التمكين عن غيره من المفاهيم الإدارية الحديثة حيث تزخر الأدبيات بالعديد من التعريفات فقد عرفه روبنز (Robbins, ١٩٩٣) بأنه الطريقة التي من شأنها زيادة دافعية العمل الفعلية والجوهرية لدى العاملين.

ويعرف التمكين لغةً حسب ما ورد في معجم لسان العرب (ابن منظور، ١٩٩٥) بمعنى القدرة، أما في معجم الوسيط مكن له في الشيء أي جعل له عليه سلطاناً (وأمكنه) من الشيء أي جعل له عليه سلطاناً وقدرة وسهل ويسر عليه (معجم الوسيط، ٢٠٠٠).

ويمثل تمكين العاملين تلك العملية التي يسمح من خلالها للعاملين بالمشاركة في المعلومات، وفي التدريب والتنمية، والتخطيط والرقابة على مهام وظائفهم بغية الوصول إلى النتائج الإيجابية في العمل وتحقيق الأهداف الفردية والتنظيمية.ويعد مدخل تمكين العاملين أحد المداخل الحاكمة لتحسين جودة الخدمة، وتحقيق رضاء العملاء وزيادة الإنتاجية

والرضا الوظيفي لدى العاملين، والالتزام التنظيمي، والفعالية التنظيمية (Potochny, ١٩٩٨).

وعرف مورل وميردث (٨ :٢٠٠٠ , Murrel and Meredith)التمكين بأنه عندما يتم تمكين شخص ما ليتولى القيام بمسؤوليات أكبر وسلطة من خلال التدريب والثقة والدعم العاطفي، بينما عرفه شاكلوتر (Shackletor, ١٩٩٥:١٣٠) بأنه فلسفة إعطاء مزيد من المسؤوليات وسلطة اتخاذ القرار بدرجة اكبر للأفراد في المستويات الدنيا، وعرفه أفندي بأنه عملية إعطاء الأفراد سلطة أوسع في ممارسة الرقابة، وتحمل المسؤولية، وفي استخدام قدراتهم، ومن خلال تشجيعهم على استخدام القرار (أفندي، ٢٠٠٣: ١٠).

تبلور التمكين الوظيفي نتيجة للتطور في الفكر الإداري الحديث نتيجة التحول من التحكم والأوامر (Command and Empowered Organization) إلى ما يسمى الآن (Powered Organization)، مما يترتب عليه من تغيير السلم التنظيمي متعدد المستويات إلى تنظيم قليل المستويات في بيئة المؤسسة وتحولات في المفاهيم الإدارية، وميلها نحو التميز وتحقيق الميزة التنافسية(القاضي، ٢٠٠٨).

ومن خلال التعريفات السابقة يمكن القول: إن تمكين العاملين يتسم بالخصائص التالية:

١. يحقق (التمكين) زيادة النفوذ الفعال للأفراد وفرق العمل بإعطائهم المزيد من الحرية لأداء مهامهم.
٢. يركز (التمكين) على القدرات الفعلية للأفراد في حل مشاكل العمل والأزمات.
٣. يستهدف (تمكين العاملين) استغلال الكفاءة التي تكمن داخل الأفراد استغلالاً كاملاً.
٤. يجعل (التمكين) الأفراد أقل اعتمادا على الإدارة في إدارة نشاطهم ويعطيهم السلطات الكافية في مجال عملهم.
٥. يجعل (التمكين) الأفراد مسؤولين عن نتائج أعمالهم وقراراتهم.

وفي ضوء ما سبق تعرف الدراسة التمكين الإداري بأنه: إستراتيجية تنظيمية ومهارية تهدف إلى إعطاء العاملين الصلاحيات والمسؤوليات والحرية في أدائهم للعمل دون تدخل مباشر من الإدارة وتوفير الموارد وبيئة العمل المناسبة لتأهيلهم مهنياً ومسلكياً.

أهمية التمكين

يمكن النظر إلى التمكين الإداري على أنه متغير مهم ومؤثر، في عمليات الإدارة العامة ووظائفها، ويمكن النظر إليها كأحد المتغيرات التنظيمية، ذات التأثير المحتمل على كفاءة الأداء الوظيفي للعاملين في المنظمات، فضلاً عن أداء المنظمات.

أكدت العديد من الدراسات والأبحاث (Martin, ١٩٩٢; Spreitzer, ١٩٩٥; Honold, ١٩٩٧) أن الفرد قد خلق لكي يعمل ويشعر أنه منتج في المجتمع الذي يعيش فيه, ولكي يشعر الفرد بأنه منتج يجب توافر العديد من العوامل التي تدفع الفرد إلى رضائه عن عمله، وغياب هذه العوامل أو معظمها يؤدي لشعور الفرد بالإحباط مما ينعكس على مدى حبه للعمل وشعوره بالولاء والانتماء والتعاون وينتج عن ذلك آثار سلبية تتأثر بها التنظيمات، وتحد من فعالية الأداء وتحقيق الأهداف، ولكي تحقق المنظمات الرضا عن العمل يجب أن توفر أرضية مناسبة لتطبيق التمكين الإداري بهدف بث روح العمل لدى الأفراد ليحققوا الأداء المرغوب.

وتأتي أهمية التمكين الإداري في أن له تأثيراً على الدافعية، والأداء والرضا الوظيفي والولاء التنظيمي، ويسهم في رفع الروح المعنوية للعاملين، ويساعد في المحافظة على الكفاءات البشرية، وتقليل معدل دوران العمل، وذلك من خلال تعزيز الثقة المتبادلة بين المنظمة والموظفين، ومن هنا تأتي أهمية التمكين الإداري، والعمل على تطبيقه أمراً في غاية الضرورة، حيث يساعد المنظمة على تحقيق أهدافها بكفاية وفاعلية، وبالتالي تحقيق أهداف العاملين فيها وأهداف المجتمع بشكل عام (العتيبي، ٢٠٠٧)

وينظر إلى التمكين الإداري باعتباره وسيله تحول المنظمة من موقعها الحالي إلى مواقع إستراتيجية جديدة، كما تتوقف الخيارات المتاحة أمام المنظمة على رسالتها وأهدافها ومواردها ونمط القيادة وثقافتها، ويسهم في زيادة فهم العاملين لدورهم في تحقيق أهداف المنظمة، وتطوير الكفاءة الذاتية وتقليل الشعور بالضعف على العاملين، وزيادة مستوى الرضا الوظيفي بين العاملين، وزيادة الموائمة ما بين احتياجات المنظمة والاحتياجات الشخصية للعاملين بها، وكسب رضا العملاء، وزيادة إنتاجية المنظمة، وزيادة قدرة استجابة المنظمة للمؤثرات الخارجية، وتحقيق الإبداع والتميز في إنجاز الأعمال(عريقات، ٢٠٠٧).

فوائد التمكين الإداري

يعدّ التمكين من أهم ضمانات وحيوية واستمرار أي منظمة، فهو يسهم في رفع معنويات ورضاء العاملين، إذ يشعرون بإتاحة الفرصة لأظهار قدراتهم، كما يستمتعون بتقدير الإدارة وثقتها بهم، هذا الرضا الذي يسهم مع حرية التصرف المكفولة في إثراء التفكير الإبداعي والسعي لتحسين الأداء، كما أن التمكين يؤدي لسرعة معالجة شكاوى واقتراحات ومشكلات العملاء في الداخل والخارج، وهو عامل أساسي لنجاح المنظمات واستمرارها، فاعلة ناجحة لاسيما وقد أصبحت المنظمات في بيئة تنافسية متصاعدة (الزيدانيين، ٢٠٠٦).

ويشير (الفياض، ٢٠٠٥) أن تبني مفهوم التمكين الإداري يعمل على تحقيق مجموعة من الفوائد من أهمها :

١- تحديد خارطة طريق للمنظمة تحدد موقعها ضمن جغرافية الأعمال في المستقبل.

٢ - يساهم في زيادة قدرة المنظمة على مواجهة المنافسة الشديدة المحلية منها والدولية.

٣- يمنح المنظمة إمكانية امتلاك ميزة تنافسية مستمرة.

٤ - يمكن المنظمة من استخدام الموارد استخداماً فعالاً.

5- يوفر فرص مشاركة جميع المستويات الإدارية في العملية الأمر الذي يؤدي إلى تقليل المقاومة التي قد تحدث عند القيام بالتغيير بالإضافة إلى أن ذلك يوفر تجانس الفكر والممارسات الإدارية لدى مديري المنظمة.

إستراتيجية التمكين الإداري:

تتميز إستراتيجية التمكين الإداري بتركيزها على نظم العمل، او ما يعرف بالعمليات الرئيسة للمنظمات والمؤسسات المختلفة، حيث يتم دراسة العملية بكاملها ابتدأ من التخطيط وانتهاء بتحقيق الأهداف، لغاية إعادة تصميم الطريقة التي تنفذ بها، لذلك فان إستراتيجية التمكين الإداري تساعد على رؤية الصورة الكاملة للعمل، وتوزيعه بين الإدارات المختلفة، ومعرفة الحواجز التشغيلية والتنظيمية التي تعوق العمل وتطيل من الزمن اللازم لتقديم الخدمة وإنهاء العمل.

وإستراتيجية التمكين الإداري تعبر عن تغييرات جوهرية وجذرية في المنظمة، من حيث الخطوات والتنسيق والمستويات الإدارية التي تنعكس على كيفية انجاز العمل بطريقة تهدف إلى الخروج من جو الركود والروتين المقيد لزيادة الإنتاج، وتحقيق الربحية والتخلص من الفشل والتراجع أو المحافظة على ديمومة التطور والتحسن، ويشير كوك(Cook, ١٩٩٤) إلى أهم مرتكزات إستراتيجية التمكين الإداري في الخطوات الآتية:

١. الدمج الوظيفي: أي دمج عدة وظائف منفصلة في وظيفة واحدة، والقضاء على التخصص الوظيفي وتقسيم العمل، ما يؤدي إلى سهولة توزيع أعباء العمل ومسؤولياته وتحسين مستوى مراقبة الأداء والتخلص من الأخطاء الناتجة عن تعدد الإدارات الوظيفية وجهات الاختصاص في مجال العمل.

٢. اتخاذ القرارات: أصبح اتخاذ القرارات جزء من العمل، يقوم به الموظفون بأنفسهم، بعد أن كان هذا الدور حكرا على المديرين فقط.

٣. تنفيذ الخطوات حسب طبيعتها: التخلي عـن أسـلوب ترتيـب الخطـوات المتتاليـة للعمـل، وإخضاع الترتيب للعملية نفسها، مـما يـؤدي إلى سرعـة انجاز العمل وخفض الوقت المستغرق.

٤. تعدد خصائص العمليات: تنويع مواصفات كل عملية لكي تتناسب مـع الأسواق والحـالات والمدخلات الإنتاجية المختلفة.

في حين يشير كوني وسبرتزر (Quinn and Spreitzer, ١٩٩٧) إلى مرتكزات تتمثل:

١. انجاز العمل في مكانة: نقل العمل عبر الحدود التنظيميـة، مـما ينتج عـن هـذا الأسـلوب حصول الإدارات على احتياجاتها بسرعة اكبر وبتكاليف اقل، من خـلال اختصار الجهـات والخطوات المتبعة في تامين تلك الاحتياجات.

٢. خفـض مستويات الرقابـة: تسـتخدم الضوابط الرقابيـة في حـدود فعاليتهـا وجـدواها الاقتصادية فقط، وأتباع أسلوب مراقبة أكثر توازنـا مـن خـلال استبدال الرقابـة الصارمة بأساليب الرقابة الكلية أو المؤجلة، والتجاوز عن نسبة الأخطاء البسيطة.

٣. تقليل الحاجة إلى مطابقة المعلومات: تقليص عدد جهات الاتصال الخارجيـة لكل ملكيـة، مما يقلل من فرص اختلاف المعلومات والحاجة إلى مطابقتها.

٤. الجمع بـين المركزية واللامركزية: حيـث تسـاعد تقنيـة المعلومـات المتطـورة عـلى تمكـين الإدارات من العمل بصورة مستقلة، وفي نفس الوقت تمكن المنظمة ككل مـن الاسـتفادة من مزايا المركزية عن طريق ربط جميع تلك الإدارات بشبكة اتصالات واحدة.

وقد أشار نيكسون (Nixon, ١٩٩٤) إلى خمسة إستراتيجيات للتمكين الإداري، وتتمثل:

١. بناء الرؤية.

٢. تحديد الأولويات.

٣. بناء وتطوير علاقات العمل.   ٤- توسيع شبكة العمل.

٥- استخدام دعم المجموعات الداخلية والخارجية.

ويشير (العتيبي، ٢٠٠٤) أن المنظمات التي تسعى لإدخال ثقافة التمكين يجب أن تتبنى أسلوب لبناء نظم وعمليات التي تطلق قدرات وإمكانيات العاملين، ويمكن لأي منظمة أن تحقق ذلك من خلال:

١. التركيز على السلوك المرغوب من قبل المنظمة.

٢. تغيير البناء التنظيمي التقليدي للحصول على السلوك المرغوب.

٣. بناء مناخ من الثقة بين الإدارة والعاملين.

٤. فتح قنوات الاتصال في جميع الاتجاهات.

٥. تشجيع العاملين على التعلم والتطوير الذاتي.

٦. أيجاد فرق الإدارة الذاتية.

٧. دعم مشاركة العاملين في اتخاذ القرار.

٨. التعامل مع الصراع التنظيمي بفاعلية وكفاءة.

متطلبات تطبيق التمكين الإداري:

يتطلب تطبيق التمكين الإداري تهيئة بيئة المنظمة للوصول إلى أقصى استفادة ممكنة من التمكين، بحيث تكون بيئة مشجعة على الإدارة الفعالة للتمكين، هياكل تنظيمية ملائمة، وقيادة وثقافة تنظيمية تشجع على ذلك، وفرق عمل ممكنه، وتفويض للسلطة، والاستعداد لتبني التغيير، والمشاركة في اتخاذ القرار. وفيما يلي شرح لهذه المتطلبات:

أ. القيادة الإدارية:

القيادة ضرورية في كل المنظمات بغض النظر عن نوع النشاط الذي تمارسه، وفي كل المجالات الإدارية من تخطيط وتنظيم وحفز ورقابة، وخاصة في الأمور الإشرافية ويقع على عاتق القائد مهمة توجيه جهود العاملين نحو تحقيق الأهداف من خلال قدرته في التأثير في

سلوكهم، وإن أهميتها تكمن في أنها تجعل العمل الإداري أكثر ديناميكية وفاعلية، (Jones, ١٩٩٥).

أن أحد أهم التغييرات الأساسية التي ستحدث من جراء تبني برنامج التمكين ستكون بالطبع دور القيادة في عملية التمكين الإداري، فالقادة بحاجة لتغيير الأدوار التقليدية التي كانوا يقومون بها في السابق، فخلال عملية التمكين يحتاج القادة أن يلعبوا الدور الأساسي في توجيه الأفراد والمنظمات نحو تحقيق الأهداف التي يسعون لبلوغها، إذ يشكل القائد قيمة مضافة للمنظمة من خلال مساعدة العاملين على التعلم والتطور والنمو، ويهيئ البيئة الصحية ليشعر العاملين بقدرتهم على اتخاذ قرارات لأنفسهم عن طريق تطوير الثقة بالنفس وبالآخرين. ويؤكد أن الأفراد الممكنين يحصلون ليس فقط على السلطة، ولكن يمكنهم الوصول للمصادر المطلوبة لاتخاذ وتنفيذ القرار. وبالتالي، يصبح دور المدير تسهيل الوصول للموارد وليس فقط الاحتفاظ بها دون أسباب مقنعة. أن التغيير في دور ومسؤوليات المدير في البيئة التي توصف بالتمكين يتطلب تغيير مماثل في أسلوب وسلوك القيادة الإدارية (العتيبي، ٢٠٠٧).

ب- الثقافة التنظيمية:

الثقافة التنظيمية هي مجموعة القيم والمعتقدات والأحاسيس الموجودة في داخل المنظمة والتي تسود بين العاملين مثل طريقة تعامل الأفراد مع بعضهم، وتوقعات كل فرد من الأخر ومن المنظمة، وكيفية تفسيرهم لتصرفات الآخرين(الصرايرة، ٢٠٠٣). ويتطلب التمكين الإداري في أية منظمة أن تكون القيم الثقافية السائدة ملائمة وتشجع وتحث على العمل بروح الفريق وتبادل الأفكار ومساعدة الآخرين، والقدوة والمثل الأعلى للقيادة الفعالة التي تعتني التمكين والعوامل التي تساعد وتحفز على تبنى مفهوم التمكين.(الحراحشة والهيتي، ٢٠٠٦)

ويرتبط مستوى التمكين بقوة ثقافة المنظمة. وأن مفهوم التمكين دفع الإدارة بالمشاركة خطوة الى الأمام أبعد لأنها تتطلب أن يندمج الفرد في ثقافة المنظمة ويتخذ قرارات تتميز بالاستقلالية. ويتفاوت مستوى التمكين من منظمة لأخرى ويعتمد على مدى تشجيع وتسهيل ثقافة المنظمة وبنائها التنظيمي لعملية التمكين (Mallak & Kurstedt, ١٩٩٦). ويؤيد (Foster-Fishman & Keys, ١٩٩٥) ذلك حيث يؤكد أنه ما لم تكن ثقافة المنظمة ملائمة، فان جهود تمكين العاملين سيحكم عليها بالفشل. و يجب أن تكون الإدارة على استعداد للسماح بزيادة تحكم العاملين في عملهم، والسماح لهم كذلك للوصول بشكل أكبر للمصادر (الوقت، الأموال، الأفراد، والتكنولوجيا)، وتملكهم لصلاحيات اختيار أسلوب القيام بالعمل (الزيدانيين، ٢٠٠٦: ١٣).

فضلاً عن ما ذكر في العديد من الخطوات السابقة والمتضمنة مؤشرات جيدة بماهّية ثقافة المنظمة فهناك عوامل أخرى من الممكن إدراجها لتقييم ثقافة المنظمة، مثل: تاريخ المنظمة، مهمة المنظمة، وماذا تزود الجمهور، وكيفية التزويد، فضلاً عن الاستقرار المالي للمنظمة، وفرص التقدم، وبرامج المكافآت، والحوافز في المنظمة، والمعنويات....الخ. إن الأمر الأساسي في هذه الخطوة هو ملاحظة الافتراضات التي يعكسها العمل اليومي للمنظمة، والذي بدوره يبيّن إلى أي مدى تكون هذه المنظمة منفتحة تجاه دعم وتعزيز التمكين، وكيف تكون قادرة على المحافظة عليها.

جـ_الاستعداد للتغيير:

تبرز أهمية تبني التغيير من خلال النظر لأهميته بالنسبة للأفراد والمنظمات، باعتبار أن التغيير هو الأساس الذي يساعد المنظمات على مواصلة تقدمها وإزالة الصعوبات ووضع الحلول الجذرية لما يعترضها من مشاكل، ويتوقف نجاح التغيير على مدى التزام وقناعة القيادة الإدارية في المنظمة بضرورة الحاجة لتبني برنامج للتغيير، من أجل تحسين الوضع

التنافسي للمنظمة، وهذه القناعة يجب أن تترجم في شكل دعم ومؤازرة فعالة مـن خـلال توضيح الرؤية وإيصالها لجميع العاملين في المنظمة كوتر (Kotter, ١٩٩٥).

وتستلزم الإستراتيجية الفعالة للتغيير إيجاد تحالف مع مجموعة مـن الأفراد وإعطائهم سلطة لقيادة التغيير والعمل بصورة جماعية كفريق عمل، والحاجـة لاستخدام كـل الوسائل الممكنة لإيصال وشرح الرؤية الجديدة والإستراتيجية والتأكيد على أهميـة إيجاد أداة تشكل نموذج لتوجيه السلوك المتوقع لجميع العاملين بيسنجر وكنت، (Bysinger and Kinht, ١٩٩٦).

أن أهميـة تبني التغيـير التنظيمـي مـن خـلال توظيف التكنولوجيا ودورهـا في تمكين المرؤوسين من متابعة المستجدات المتعلقة بكيفية أداء الوظائف المختلفة داخل التنظيم مـما يسـهم بدرجـة كبـيرة في تحسـين وتطـوير الأداء، وتزويـد المـنظمات بمعلومات راجعـة (Feedback) عن سير الأعمال والأنشطة التي تمارسها، وعـن قدراتها التنافسية في مواجهـة المنظمات الأخرى (الحوامدة، والهيتي، ٢٠٠٤).

د. الثقة التنظيمية:

يشير (Taborda, ١٩٩٩) أن التمكين الحقيقي يتطلب " الثقـة بالفرد العامل" وإيجاد الثقة ليس فقط داخل أعضاء الفريق ولكن في كـل أرجـاء المنظمة. في حـين يشـير(,Harari ١٩٩٩) أن حرية الوصول للمعلومات الحساسة تظهر درجة الثقة داخل المنظمة حيث تعتبر الثقة أحد المحتويات الأساسية لتمكين العاملين. ويدل توفر عنصر حرية الوصول للمعلومات الحساسة لزيادة الاتصال داخل المنظمة، هـذا ويعتبر عنصرـ الانفتاح في الاتصال ضرورة لبرنامج تمكين العاملين (Kirkman and Rosen, ٢٠٠٠)

أن تنفيذ برنامج لتمكين العاملين ليست بالعملية السهلة، وإنما هي عمليـة متشابكة في عناصرها متداخلة في مكوناتها وأبعادها ويعتمد نجاحها بالدرجة الأولى على الثقة في الأفراد، وتقبل عدم التأكد.وأن شعور العاملون بثقة المدير يؤدي إلى شعورهم بالارتياح

وارتفاع في روحهم المعنوية، ورضاهم عن العمل وولائهم للمنظمة لينعكس ذلك إيجابياً على أدائهم (العتيبي، ٢٠٠٤).

وأوردت (عريقات، ٢٠٠٧) مجموعة من الأساليب والوسائل التي تساعد الإدارة على تمكين عامليها، ومن أهمها الثقة بقدرة العاملين على الإنجاز وتحمل مسؤولية ما فوض لهم من سلطات وما يتخذوه من قرارات. والتوقع الإيجابي تجاه أداء العاملين من قبل الإدارة يعزز روح الأمل والتفاؤل لدى العاملين بنجاح تجربتهم الإدارية في تمكينهم. والسماح للعاملين بالمشاركة في عملية اتخاذ القرارات. وإعطاء العاملين مساحة من الحرية يتحركوا خلالها بأريحية وجعل شيء من الإدارة الذاتية لديهم حول الأداء. وتحديد الأهداف الإدارية للعاملين. والحد في استخدام القوة التسلطية واستخدام القوة المركزية للوظيفة بشكل إيجابي. وتشخيص المشاركة وتقديم الحلول المناسبة لها ضمن الإمكانات المتاحة من قبل فريق العمل.

هـ- تفويض السلطة:

أن التفويض يسهم في تبني التغيير وتطبيقه بما يتلائم مع أهداف المنظمة. ويعمل التفويض على الابتعاد عن المركزية بإعطاء الموظف الفرصة لكي يقرر بنفسه أسلوب تنفيذ المهام والذي بدوره ينمي الحافز الذاتي للموظف ويعمل على إيجاد الأفكار الجديدة وتطبيقها.

وقارن شاكلوتر (Shackletor, ١٩٩٥) والمشار له في دراسة (الزيدانيين، ٢٠٠٦) بين التمكين والتفويض. فيرى أن التفويض يكون عندما يقرر المدير أن يحول بعض صلاحيات عملة لشخص آخر لأسباب محددة، كالمساعدة في تطوير المرؤوس، أو تفويض الأعمال ذات المخاطر المنخفضة على سبيل المثال. أما التمكين فيعني توسيع المسؤوليات المتعلقة بالمهام الحالية دون الحاجة لتغييرها.

و. التدريب الإداري:

تسعى مختلف المنظمات من خلال التدريب إلى إكساب الأفراد العاملين فيها مهارات ومعارف وقدرات جديدة، تساعدهم على القيام بأعمالهم بشكل أكثر فاعلية، ومواكبة التطورات الحديثة وعلى مختلف الأصعدة، وما تفرضه من متطلبات تكنولوجية، ومهارية، ومعرفية، وتقنية عالية تحتاج إلى أشخاص ذوي قدرات خاصة للقيام في التزاماتهم (الزيدانيين، ٢٠٠٦).

وأن التدريب يؤدي إلى استقرار المنظمة وزيادة قدرتها على استيعاب التغيرات التي يمكن أن تحدث نتيجة لأي تغيير في ظروف عملها، فالأفراد الممكنون بمثابة دعامة متينة للمنظمة يساعدون في استقرارها ومرونتها ويزيدون من قدرتها على التكييف مع المتغيرات الجديدة. (العبيدين، ٢٠٠٤)

ويعد التدريب مصدراً مهماً من مصادر إعداد الكوادر البشرية، وتطوير كفايتها، وتطوير أداء العمل، وتزداد أهمية التدريب أثناء الخدمة في العصر الحديث، حتى أصبح ضرورة ملحة نظراً للتطور السريع في المجالات والمهن كافة مما يستلزم مواكبة الأفراد هذا التطور المتسارع ليضع الفرد أمام مسؤوليات جديدة ومهام كثيرة وأعباء متنوعة لابد من الوفاء بها حتى يكون عضواً صالحاً منتجاً في مجتمعه، يؤدي مهامه الوظيفية بفاعلية (Lawson & Harrison, ١٩٩٩).

في حين تشير (القاضي، ٢٠٠٨) إلى أن التدريب يضمن أداء العمل بفاعلية والوصول إلى مستوى المعايير التي حددتها المنظمة، فالتحدي الكبير الذي يجب على برامج التدريب اجتيازه هو تحقيق النتائج المرجوة بأسرع الطرق وأقلها تكلفة وذلك من خلال تنمية مهارات العاملين، ويسهم في تطوير نظم العمل وأساليبه، وزيادة مهارات وقدرات الموظف ورفع كفاءته الإنتاجية عن طريق إتاحة الفرصة أمامه للتدريب على كل ما هو جديد في مجال التطور التكنولوجي.

ز. الهياكل التنظيمية:

ويتضمن ذلك قنوات انسياب السلطة، وخصائص الهيكل التنظيمي بما في ذلك الإدارات والأقسام والفروع، ووصف الوظائف واللجان...الخ. مما لاشك فيه أن الهياكل التنظيمية الأكثر ملاءمة لتطبيق التمكين هي تلك الهياكل التي تتسم بالمرونة والتكيف مع البيئة وسهولة الاتصالات وقدرتها على الاستجابة السريعة للمتغيرات.

ويعتمد الهيكل الوظيفي على التخصص وتقسيم العمل، تبعاً للوظائف. ويكون لكل فرد يعمل في تخصص معين رئيس مباشر، وتكون الإدارة العليا في تحكم قوي للمنظمة ككل، وينعكس هذا على تدفق المعلومات في المنظمة، حيث تتركز في المديرين ويتم توزيعها من قبل الإدارة على الأفراد. فان تهيئة المناخ المناسب لتطبيق التمكين تتطلب بالضرورة التحول إلى الممارسات الإدارية المعتادة الأكثر توافقاً مع معطيات عصر المعرفة، مثل بهات (,Bhatt
٢٠٠٠):

١. التحول من الهيكل التنظيمي الهرمي الشكل المتعدد المستويات إلى الهياكل التنظيمية الأكثر تفلطحاً والأبعد عن الشكل الهرمي.

٢. التحول من النظم المركزية التي تعتمد على احتكار المعرفة وتركيزها في مستوى تنظيمي واحد، إلى النظم اللامركزية، التي تستند إلى تدفق وانتشار معرفي يغطي المنظمة كلها ويشارك الجميع في تخليقها.

٣. التحول من أنماط التنظيم القائمة على العمل الفردي المنعزل إلى نمط العمل الجماعي في فرق عمل ذاتية.

أبعاد التمكين الإداري

من خلال ما طرحه الباحثين من أبعاد لقياس التمكين الإداري، نلحظ إن هنالك ثلاثة أبعاد رئيسة تدور حولها جهود الباحثين وتم اعتمادها في هذه الدراسة كأبعاد لقياس

التمكين الإداري وسنتناولها من خلال استعراض وتوحيد الملاحظات لهؤلاء الباحثين والدارسين.

١. بناء فرق العمل:

يعد تشكيل فرق العمل داخل المنظمات الإدارية أحد متطلبات تطبيق التمكين الإداري الهادف إلى حل المشكلات وإيجاد الحلول وذلك باستخدام ما يعرف بفريق العمل، فالتمكين الإداري يتطلب من الإدارة العليا ضرورة العمل على تكوين فريق عمل من الأفراد الذين لديهم المهارات والتقديرات اللازمة لمعالجة المشاكل وذلك بهدف تحسين نوعية وجودة الخدمات السلع المقدمة(كوهين، براند، ١٩٩٧: ١١٩).

ويرى (Kreitner et al, ٢٠٠٣) أن مفهوم فريق العمل هو أكثر من مجرد مجموعة ففريق العمل يتمتع بمهارات متكاملة، وملتزم بتحقيق هدف مشترك، وأهداف للأداء ومسئوليتهم مسؤولية جماعية ولهم سلطة في اتخاذ القرارات التنفيذية بينما مفهوم الجماعة لا يتمتع بهذه الميزات التي يمتاز بها الفريق.

وركز (أفندي، ٢٠٠٣) على الجانب السلوكي والتنظيمي لأهمية الفرق من خلال قدرتها على التقليل من الشعور بالوحدة والتركيز على الهدف، وتزيد من إحساس العاملين بالهوية والانتماء والفخر بأدائهم الجماعي، وخلق بيئة عالية للحفز، واستجابة أسرع للمتغيرات التكنولوجية، وتقليل الاعتماد على الوصف الوظيفي، وتفويض فعّال للمهام مع زيادة ودقة في الأداء، وتحسين مستوى القرارات وفعالية الاتصالات وتطوير المهارات .

وبين (Banker, et al, ١٩٩٧) في دراسة أجراها بعنوان تطبيق فرق العمل ومسارات جودة الإنتاج على أهمية فرق العمل في زيادة الفاعلية لدى المنظمة من خلال أن فرق العمل تشكل شكلا مؤسسياً من المشاركة يرتبط أساسا مع دوائر الجودة، بوصفها آلية تنظيمية تسهل من عملية مشاركة العاملين في تحسين الجودة، وكذلك حل المشكلات، وفض النزاعات لما تمتع به هذه الفرق من مرونة عالية، واتصالات مفتوحة، ومهارات عالية .

في حين ركز (عبد الفتاح، ٢٠٠٠) على أهمية بناء الفرق حيث إنها تساهم في رفع الأداء، وتحقيق الأهداف على نحو فاعل وذلك من خلال توحيد الجهود الفردية وجمعها ضمن دائرة العمل الواحد باتجاه تحقيق الهدف المطلوب في ضوء التنسيق و التوجيه والقيادة بعيداً عن التناحر والتقارب في السعي والجهد والأداء، وهذا يجسد ما يسمى بروح الفريق بوصفه مبدأً محققاً للنجاح في العمل الإداري.

٢. مشاركة الأفراد العاملين في عمليات اتخاذ القرارات:

تُعد عملية صنع القرارات التنظيمية عملية مهمة تساهم في التوصل إلى القرار السليم، وتؤثر عملية المشاركة على عملية اتخاذ القرار بدءاً من تحديد المشكلة، ولغاية مرحلة الوصول إلى القرار، حيث يشارك العاملون في الإدارة في تحديد المشكلة وجمع المعلومات ومناقشتها وتحليلها، وبعد أن يتخذ المدير القرار المناسب فإن دور العاملين لا ينتهي عند المشاركة في صنع القرار بل قد يمتد كذلك إلى تنفيذ القرار. "وتُعد مشاركة الجماعة في اتخاذ القرارات الوسيلة المناسبة لنجاح القرار وسهولة تطبيقه. وذلك لأنّ مشاركة المجموعة في عملية اتخاذ القرار تعني أنها تتفهمه وتساهم بالتالي في تطبيقه".(الخضرا وآخرون، ١٩٩٥، ٤٨٦).

واعتبر (العلاق، ١٩٩٩: ١٥٤) " إنّ عملية صنع القرارات التنظيمية لا تنتهي بانتهاء خطوة اختيار أفضل حل بديل، فالعملية في الحقيقة لا تتم بوساطة المدير ولكن بواسطة آخرين، وهؤلاء الآخرون يحتاجون إلى ترغيب، وحفز مادي ومعنوي للتنفيذ الفعال، ويحتاجون إلى من يشعرهم بأنّ القرار هو قرارهم، ولن يأتي ذلك إلا بإشراكهم في عملية اتخاذ القرار".

ويتطلب التمكين الإداري مشاركة ذات مستوى عالي من جميع الأفراد العاملين وبمختلف المستويات الإدارية، حيث يجب على الإدارة الاستجابة لاقتراحات واراء العاملين الايجابية، لأن مشاركتهم تؤدي الى رفع الروح المعنوية . (اللوزي، ١٩٩٩) .

وترى (الكفاوين، ٢٠٠٥) ضرورة إشراك المرؤوسين في اتخاذ القرارات التي تؤثر فيهم أو في أعمالهم، وذلك ضماناً لوضوح الرؤية وتبادل الرأي، ولضمان تعاونهم والوصول إلى قرارات أكثر صحة وأبعد عن الخطأ، إذ أن المجموعة أقدر على النظر إلى المشكلة المطروحة من جوانب متعددة من الفرد الذي كثيراً ما يسيطر عليه فكرة، أو جانب من القضية تحول بينه وبين الرؤية الواضحة للجوانب الأخرى.

وأضاف (أحمد، ٢٠٠٣) أنه من الضروري إشراك المرؤوسين في عملية اتخاذ القرارات وذلك ضماناً لتبادل الرأي قبل إتخاذها وضمان تعاونهم الاختياري وإلتزامهم بتنفيذ القرارات،فمشاركة أكثر من شخص في القرار يعني أن هناك بدائل عديدة وأنظمة ومقترحات مختلفة، فكثير من القرارات أو حل المشكلات يدركها المرؤوسون أكثر من إدراك المدير، و في هذه الحالة فالمشاركة الجمعية في صنع القرار تدعم عامل الثقة والدافعية إلى العمل، وتزيد من درجة الولاء والانتماء للمؤسسة، ويشعر الفرد الواحد أنه جزء فعال في كيان المنظمة.

٣. أهمية العمل:

يُعد تمكين العاملين مطلب أساسي تسعى إليه المنظمات العامة أو الخاصة، وتمنح فرصة للأفراد العاملين في ممارسة الوظائف التي تتضمن مهارات متنوعة ومتكاملة وذات أهمية قياساً بمؤهلاتهم مع تمكينهم من أداء وظائفهم بالطريقة التي يرونها مناسبة لهم

ويرى لاشي وماك جولدريك (Lashely and McGoldrick, ١٩٩٤) ضرورة إيجاد المناخ الداعم لتعزيز أهمية ومعنى العمل، فالمنظمة التي لا تواجه المسائل الإدارية بالتسامح ولا تثق بالعاملين تخلق بيئة معرقلة للتمكين، وبالمقابل فان منح الحرية للأفراد العاملين والاستقلالية الفردية تعزز وتشجع المبادرات التي تؤدي إلى بلورة التمكين الوظيفي.

ويشير ويلكسون (Wilkinson, ١٩٩٩) إلى أن احترام الأفراد وتشجيعهم وتنميتهم وتدريبهم وإتاحة الفرص لهم بالمشاركة في القرار الذي يتعلق بهم كفيل بأن يبذلوا قصارى

جهودهم لتحقيق أهداف المؤسسة بكفاءة واقتدار، وتحديث القوانين والأنظمة والتعليمات المعمول بها، إذ أن التخلي عن الروتين واللامركزية في التعامل يؤسس لعمالة ممكنة.

ويؤكد مورل وميردث (Murrel & Meredith، ٢٠٠٠) إن أيمان الإدارة بمواهب العاملين لديها من خلال الاهتمام بالجوانب الإنسانية لديهم والنظر إلى المعلومات المقدمة من قبلهم على أنها حيوية ومهمة في عمل المنظمة وتطورها واستمراريتها، وإطلاق قدراتهم وإمكانياتهم إلى أقصى الحدود عن طريق الاعتماد عليهم في تحقيق الأهداف التنظيمية، يشعر المرؤوسين بأن الإدارة تثق بقدراتهم المبدعة، الأمر الذي ينعكس إيجابيا على مستويات ثقتهم بالإدارة التي يعملون معها وبالتالي إنجاح عملية التمكين.

ويذكر (العتيبي، ٢٠٠٤) أربعة مرتكزات مهمة لأهمية ومعنى العمل في التمكين الوظيفي:

أولاً: إذا كان العمل يتميز بالاستقلالية وأن العامل هو المسؤول الأول والأخير عن أعماله وقراراته، وليس قرارات رئيسه أو سياسات العمل، فإن ذلك يزيد من شعوره بالمسؤولية الفردية عن عمله وذاته .

ثانياً: إذا كان الفرد العامل يدرك بأن عمله مهم، ويؤثر مباشرة في حياة الآخرين، فإن ذلك سوف يزيد من شعوره بأهمية عمله .

ثالثاً: إذا كان العمل يتميز بالاستقلالية فإن ذلك سوف يحث الفرد على زيادة تحديه وعلى بذل أقصى ما عنده من قدرات وخبرات، مما سيزيد من شعوره بأهمية العمل.

رابعاً: إذا كان عمل الفرد يتطلب منه إتمامه من البداية إلى النهاية، فهذا سوف يشعره بأهمية العمل أكثر من كونه ينجز جزءاً من العمل.

العلاقة بين السياسات التنظيمية والتمكين الوظيفي

إن وضوح السياسات التنظيمية في العمل، هي مظهر حيوي من مظاهر العمل الجيد، فهي تعالج قضية التزام الأشخاص بعملهم واضطلاعهم بأعباء وظيفتهم أو عملهم بجد وهمه

ونشاط، وبالتالي تحقيق ما يصبون إلى تحقيقه من أهداف شخصية، حتى ولو كانت هذه الأهداف سهلة المنال، كالرغبة في الحصول على مزيد من الحوافز أو الحصول على ترقية أو غير ذلك من أهداف العاملين. (جواد، والمؤمن، ٢٠٠٠).

وتُعد دارسة السياسات التنظيمية وسيلة هامة لمعرفة الكيفية التي يتم بها تحقيق إشباع حاجات العاملين، فإذا أردت المنظمة أن تزيد من إنتاجية وكفاءة العاملين لديها عليها التعرف على دوافعهم وتلمس احتياجاتهم حتى تقدم لهم الحوافز المناسبة التي تشبع رغباتهم، وبالتالي تدفع وتحفز الفرد لاتخاذ السلوك أو التصرف المرغوب فيه(شرقاوي،١٩٨٧).

وترى (اليعقوب، ٢٠٠٤: ٤٠) بأن هنالك مجموعة من الأمور المشتركة مع المفاهيم المتعلقة بالتمكين ولكن يجب التركيز على أن عناصر عملية التمكين الأساسية هي: منح الموظف صلاحيات أوسع لأداء عمله، وتعزيز قدراته وكفاءته الذاتية، والتركيز على قيمة المعلومات اللازمة كمتطلب سابق لنجاح عملية التمكين.

أن إثراء العمل عامل مهم في التمكين الإداري. ويعمل على إيجاد الثقافة الداعمة للعاملين ويُعد وسيله فعاله من وسائل التمكين الإداري. من خلال بناء جسور الثقة، وتدريب وتأهيل العاملين وتسهيل الإجراءات ونبذ الرقابة المباشرة، والالتزام بتدريب وتعليم العاملين الذين لا يتوفر لديهم المهارات الكافية. وأن التمكين الإداري أسلوب من أساليب حفز الموظفين في المنظمات وذلك من خلال تقديم الحوافز المادية والمعنوية لهم بحيث تنعكس إيجابياً على المنظمة في تحقيق أهدافها. وأنه يمكن أن يكون التمكين من خلال عملية الاختيار والتدريب المطلوبة لتزويد العاملين بالمهارات اللازمة وترسخ إستراتيجية التمكين الحس لدى العامل بالولاء والانتماء وتطوير المهارات والقدرات والمواهب، فهي في المقابل تتطلب إدارة فعالة، تتملك الرؤية التي يمكن أن تخلق مناخ المشاركة وتهيئ الظروف المساعدة للتمكين التي عن طريقها يستطيع الموظفين أن يأخذوا على عاتقهم السلطة لاتخاذ

القرارات التي تعمل على تحقيق الرؤية، وتتطلب أيضاً إستراتيجية مؤسساتية واضحة، وهيكلاً تنظيمياً يعزز الشعور بالمسؤولية وتطوير المهارات، وإبقاء قنوات الاتصال مفتوحة، وتوجيه وتدريب العاملين ويؤكد (الحراحشه، والهيتي، ٢٠٠٦؛ الزيدانيين، ٢٠٠٦؛ العتيبي، ٢٠٠٧).

وعليه نجد انه كلما تعززت عملية التمكين فإنها تصل إلى درجة أرقى، وهي ولاء وانتماء الموظف للمنظمة بحيث يصبح جنديا منتميا لمنظمته ومؤسسته، ويكرس كل طاقاته وإمكاناته لخدمتها والتضحية من اجل بقائها ونجاحها وازدهارها.

٢,٢ الدراسات السابقة

من خلال المسح للأدبيات والدراسات السابقة تبين أنه لا يوجد دراسات تبحث بشكل مباشر في أثر السياسات التنظيمية على التمكين الوظيفي في وزارات المملكة العربية السعودية, لذلك ستحاول هذه الدراسة توظيف ما جاء في الدراسات السابقة, وذلك لتحقيق أهداف الدراسة.

أ. الدراسات العربية:

أجرت (القاضي، ٢٠٠٨) دراسة بعنوان" أبعاد التمكين الإداري لدى القادة التربويين في الجامعات الحكومية في إقليم الشمال وعلاقته بالتدريب الإداري"، حيث هدفت هذه الدراسة إلى توضيح العلاقة بين التمكين الإداري وأبعاده لدى القادة التربويين في الجامعات الأردنية والتدريب الإداري بأبعاده، وتكونت عينة الدراسة من (٢١٤) قائداً تربوياً تم اختيارهم بطريقة العينة العشوائية الطبقية حسب المسمى الوظيفي(عميد كلية، نائب عميد، رئيس قسم، مساعد عميد، مدير معهد)، في الجامعات(اليرموك والتكنولوجيا، وجامعة آل البيت)، وتوصلت الدراسة إلى نتائج كان من أهمها:

١. إن مستوى التمكين الإداري لدى القادة التربويين في الجامعات الحكومية في إقليم الشمال جاء بدرجة مرتفعة.

٢. وجود علاقة ذات دلالة إحصائية للتمكين الإداري (تفويض السلطة، التحفيز، كالعمل الجماعي، تطوير وتقليد المحاكاة، السلوك الإبداعي) في فاعلية التدريب الإداري لدى القادة التربويين في الجامعات الحكومية في إقليم الشمال.

أما الدراسة التي قام بها (ملحم، ٢٠٠٦) فجاءت بعنوان" التمكين من وجهة نظر رؤساء الجامعات الحكومية في الأردن: دراسة كيفية تحليلية معمقة" حيث هدفت هذه الدراسة إلى التعرف على مواقف رؤساء الجامعات الأردنية من موضوع التمكين كمفهوم معاصر، وبعض المفاهيم الإدارية المعاصرة المرتبطة بموضوع التمكين؛ حيث قام الباحث بإجراء مقابلات معمقة مع رؤساء الجامعات الحكومية في الأردن، وتم استخدام منهجية تحليل المحتوى للوصول إلى النتائج التي تبين من خلالها وجود بعض التباين في آراء رؤساء الجامعات الأردنية حول موضوع التمكين وأهميته من ناحية التطبيق مع وجود توافق في الآراء حول بعض المفاهيم الأخرى. وشرحت الدراسة أهمية المنهجية الكيفية وغير الكمية في جمع البيانات وبينت محددات الدراسة والتحديات التي تواجه هذا النوع من الدراسات في البيئة العربية. كما قدمت هذه الدراسة مجموعة من التوصيات التي تساعد رؤساء الجامعات في إعادة النظر في المفاهيم الإدارية الحديثة ودورها في تحسين أداء رؤساء الجامعات.

وأجرى(الفوزان، ٢٠٠٥) دراسة بعنوان "أثر السياسات التنظيمية والمتغيرات الشخصية على الولاء التنظيمي في المؤسسات العامة" وهدفت إلى التعرف على تصورات العاملين في المؤسسات العامة في مدينة الرياض في المملكة العربية السعودية نحو السياسات التنظيمية والولاء التنظيمية، وقام الباحث باختيار(١٢) مؤسسة عاملة في مدينة الرياض عشوائياً، وتكونت عينة الدراسة من(٣٦٩) موظفاً اختيروا بطريقة العينة الملائمة، وتوصلت الدراسة إلى نتائج كان من أهمها:

١. أن تصورات العاملين في المؤسسات العامة في مدينة الرياض في المملكة العربية السعودية

نحو السياسات التنظيمية كانت متوسطة.

٢. وجود أثر للسياسات التنظيمية في الولاء التنظيمي لدى العاملين في المؤسسات العامة في مدينة الرياض في المملكة العربية السعودية.

وقام (العتيبي، ٢٠٠٤) بدراسة بعنوان تمكين العاملين: كإستراتيجية للتطوير الإداري" وهدفت هذه الدراسة إلى التعرف على طرق واستراتيجيات تمكين العاملين وأثر هذه الاستراتيجيات في التطوير الإداري, وتوصلت الدراسة إلى النتائج التالية:

١. أن التمكين للعاملين لم يحظ بالاهتمام المناسب, وهذا بدوره أثر على كفاءة تنمية الموارد البشرية

٢. أن نجاح استراتيجية التطوير الإداري يعتمد على بيئة المنظمة وأسلوب تنفيذها للتمكين.

٣. هناك معوقات تواجه المنظمات العربية تحد من قدرتها على تطبيق تمكين العاملين كالبناء التنظيمي الهرمي, والمركزية الشديدة في سلطة اتخاذ القرارات. وخوف الإدارة العليا من فقدان السلطة.

وأوصت الدراسة بضرورة الاتجاه نحو البناء التنظيمي المرن, والتحول لتطبيق مفهوم القيادة التحويلية.

وأجرت (باعثمان، ٢٠٠٢) دراسة بعنوان "تمكين العاملين كأسلوب لمواجهة بعض المشكلات التنظيمية في المؤسسات العامة". وهدفت الدراسة إلى التعريف بأسلوب تمكين العاملين، والتأثير المتبادل بين كل من العوامل التنظيمية وتمكين العاملين، ولاختيار مدى إمكانية تطبيق هذا الأسلوب في المنظمات الوطنية.

وقد تكونت عينة الدراسة من (٥٠٠) موظفا، واستخدمت الباحثة المنهج الوصفي التحليلي، وأوضحت نتائج الدراسة أن هناك بيئة مناسبة لتطبيق أسلوب يمكن العاملين في السعودية، سواء فيما يتعلق بالإنسان العامل أو الإدارة أو إن كانت هناك عوامل معوقة

تختلف في درجة وجودها وتعويقها، وخلصت النتائج أن تطبيق أسلوب تمكين العاملين يمكن أن يؤثر إلى حد كبير في التخفيف من حدة مشكلات عدم مرونة التنظيم وسوء توزيع الصلاحيات والسلطات، وإلى حد ما على مواجهة والتخفيف من المشكلات التي تعبر عن أخطاء تنظيمية في التطبيق.

ب. الدراسات الأجنبية:

كما أجرى أكنور (O'connor, et.al, ٢٠٠٦) دراسة بعنوان "Organizational Politics in Ireland: justifying the investment" وهدفت هذه الدراسة إلى تحري استخدام السياسات التنظيمية وتطبيقها في إيرلندا، واستخدم الباحث في هذه الدراسة أسلوبي إجراء المقابلات والاستبانة، وبلغ حجم العينة (٥٣) من المشاركين في برنامج التدريب الإداري. أظهرت الدراسة أن التحدي الأكبر بالنسبة للمؤسسات هو تلبية الاحتياجات الفردية والمؤسسية وذلك لضمان استمرار حياة المؤسسة، كذلك تبين ومن خلال وجهة نظر المؤسسية أن تطوير السياسات التنظيمية هي الأولوية الأساسية بالنسبة للمؤسسات ولاستثمارها وأن المؤسسات معنية باستخدام الأساليب المتعددة في التطوير الإداري.

وفي دراسة قام بها ويت وآخرون (Witt, et.al, ٢٠٠٥) بعنوان "The role of age in reaction to organizational politics perceptions"، وهدفت إلى فحص تأثير العمر على السياسات التنظيمية والالتزام التنظيمي، حيث تم اختيار (٦٣٣) موظفاً من العاملين في القطاع الخاص في الشركات الاندونيسية، وتوصلت الدراسة إلى نتائج كان من أهمها:

١. أن تصورات العاملين في القطاع الخاص في الشركات الاندونيسية للسياسات التنظيمية والالتزام التنظيمي جاءت بدرجة ضعيفة.

٢. وجود أثر للسياسات التنظيمية على الالتزام التنظيمي للعاملين الذين تقل أعمارهم عـن (٤٠) سنة.

٣. عـدم وجـود أثـر للسياسـات التنظيميـة عـلى الالتـزام التنظيمـي للعـاملين الـذين تزيـد أعمارهم عن (٤٠) سنة.

أما الدراسة التي قام بها اهريني وآخرون(Ahearne; et.al, ٢٠٠٥) بعنوان" To Empower or Not to Empower Your Sales Force? An Empirical Examination of the Influence of Leadership Empowerment Behavior on Customer Satisfaction and Perfomance " وهدفت إلى تحديد أثر تمكين القيادة على رضا العملاء وأداء رجال المبيعات وتكونت عينة الدراسة من (٣٢١) رجال البيع في الحقل الصيدلي و (٨٦٤) عميل في الشركات العاملة في قطاع الأدوية في بريطانيا، وتوصلت الدراسة إلى نتائج كان من أهمها:

١. وجود أثر سلوك القيادة الممكنة على رضا العملاء.

٢. وجود أثر سلوك القيادة الممكنة على وأداء رجال المبيعات.

٣. وأن الموظفين قليلي المعرفة والخبرة يستفيدون من سلوك القائد في التمكين ولم تظهر أية فائدة لمن لديهم خبرة وظيفية أكثر.

أما الدراسة التي قام بها فرانز(Franz,٢٠٠٤) بعنوان " Cultural Study of Employee Empowerment and Organizations Justice" وهدفت الدراسة إلى تحليل العلاقة بين تمكين العاملين من جهة وبين العدالة التنظيمية"، والولاء التنظيمي والرضا، دوران العمل وضغوط العمل من جهة أخرى. وجمعت الدراسة البيانات من مجموعة شركات متعددة الجنسيات من البرازيل، بلجيكا، كندا، فرنسا، ألمانيا، بريطانيا والولايات المتحدة الأمريكية، وبلغت عينة الدراسة (٦٦٩٨) موظفاً وتوصلت الدراسة إلى وجود علاقة هامة ذات دلالة إحصائية بين التمكين الإداري من جهة والعدالة التنظيمية من جهة أخرى كما وجدت علاقة هامة وذات دلالة إحصائية بين التمكين الإداري وبين كل

من الرضا، الولاء، دوران العمل وضغوط العمل وتختلف هذه العلاقة بين التمكين والعوامل الأخرى باختلاف ثقافة الشركات حسب الدول الموجودة فيها.

وأجرى أون (Onne، ٢٠٠٤) بدراسة بعنوان" The Barrier Effect of Conflict with Superiors in the Relationship Between Employee Empowerment and Organizational Commitment" هدفت إلى التعرف على أثر الصراع بين الموظفين والمشرفين في العلاقة بين التمكين الإداري والولاء التنظيمي، وانطلق الباحث من افتراض أن العلاقة الصراعية بين المشرفين والموظفين تشكل عائق للعلاقة الايجابية بين التمكين الإداري والولاء التنظيمي، ووجدت الدراسة أن المشرفين في الإدارات العليا عادة ما يقومون بمتابعة تنفيذ أهداف التنظيم والقيم التي يجب أن يلتزم بها الأفراد في المستويات الإدارية الدنيا، والخلاف أو الصراع بين هذين المستويين الإداريين قد يعيق عملية التمكين الإداري ولكن يحافظ على مستوى معين من الالتزام التنظيمي. وقام الباحث بتوزيع(٩١) استبانة لمعلمي المدارس الثانوية في هولندا وقد دعمت نتائج هذه الدراسة الافتراض الذي انطلق منه الباحث حيث وجدت الدراسة أن أثر الصراع مع المشرفين قد تعيق التمكين الإداري وهذا بدوره يؤثر على الالتزام .

وقام جرار وزائري (Jarrar & Zairi، ٢٠٠٢) بدراسة بعنوان" Employee Empowerment-a UK Survey of trends and best Practices" وهدفت إلى تحديد اتجاهات العاملين نحو تطبيقات التمكين, وقد تكونت عينة الدراسة (٧٥) شركة بريطانية، وتوصلت الدراسة إلى أن أكثر النزاعات المسيطرة في عملية التمكين هي مشاركة العاملين في اتخاذ القرارات, وتحمل المسؤوليات أكبر, وسلطات أكثر, وأن مفهوم التمكين الإداري كتطبيق لا يزال في مرحلة الطفولة, والبداية, مع وجود عدم رغبة لبعض الشركات بتفويض السلطات, والمسؤوليات للعاملين من أجل تمكينهم.

وتوصي الدراسة بأنه على المنظمات أن تعتمد أسلوب التمكين الإداري لما له من قدرة في

إطلاق الطاقات الكامنة لدى العاملين فيها .

وقام موك (Moke, ٢٠٠٢) بدراسة بعنوان " Relationship Between "Organizational Climate and Empowerment of Nurses in Hong Kong"، وهدفت إلى فحص العلاقة بين المناخ التنظيمي بأبعاده المختلفة وهي:(النمط القيادي, تجانس العمل، التحدي, العمل كفريق, والمشاركة في اتخاذ القرارات), وبين التمكين الإداري، واختار الباحث عينة مكونة من(٣٣١) ممرضة من هونج كونج, وقام بتوزيع استبانة تقيس المتغير المستقل وأبعاده, والمتغير التابع, واستخدمت الدراسة تحليل الانحدار المتعدد لاختبار العلاقة بين متغيرات الدراسة.

وتوصلت الدراسة لوجود علاقة طردية, وإيجابية بين المناخ التنظيمي, وأبعاده المختلفة, وبين التمكين الإداري, وكانت أقوى العلاقات الارتباطية بين النمط القيادي, والعمل كفريق من جهة, وبين التمكين الإداري من جهة أخرى. وجميع أبعاد المناخ التنظيمي فسرت ما مقداره (٤٤%) من التباين في التمكين الإداري.

ما يميز هذه الدراسة:

من الواضح أن هذه الدراسة تلتقي مع بعض الدراسات السابقة التي تناولت كلاً من موضوعي السياسات التنظيمية، والتمكين الوظيفي في بعض المتغيرات الفرعية والأبعاد وأهمية توافر السياسات التنظيمية وما تمثله من إستراتيجية تنظيمية، هدفها إعطاء العاملين في المنظمات الصلاحيات والمسؤوليات، ومنحهم حرية في أدائهم في العمل بطريقتهم دون التدخل مباشر من الإدارة مع توفير كافة الموارد وبيئة العمل المناسبة مع الثقة التامة فيهم، لكن ما يميّزها، بالإضافة إلى الاختلاف من حيث الهدف ومجتمع الدراسة والعينة، هو احتوائها هذه الأبعاد مضافاً لها أبعاد أخرى ضمن إطار الدراسة وحدودها، كذلك أنها تعتبر المحاولة الأولى على مستوى الدوائر الحكومية في منطقة تبوك في المملكة العربية السعودية.

الفصل الثالث

المنهجية والإجراءات

٣,١ منهجية الدراسة:

اعتمدت هذه الدراسة على منهجية البحث الوصفي, والميداني التحليلي, فقد تم إجراء المسح المكتبي والاطلاع على الدراسات السابقة والبحوث النظرية وتم بناء الإطار النظري للدراسة, ومن أجل جمع البيانات فقد تم بناء أداة الدراسة (الاستبانة), وأدخلت البيانات إلى الحاسب الآلي من أجل تحليلها واستخدام الطرق الإحصائية المناسبة لاستخراج نتائج الدراسة.

وتناول هذا الفصل وصفا لمجتمع الدراسة وعينتها، وأداة الدراسة، ودلالة الصدق والثبات للأداة، والمعالجات الإحصائية المستخدمة، وإجراءات الدراسة.

٣,٢ مجتمع الدراسة:

تكون مجتمع الدراسة من جميع العاملين في الدوائر الحكومية في منطقة تبوك (الإدارة العامة للتعليم، المديرية العامة للشؤون الصحية، المديرية العامة للطرق والنقل، الأحوال المدنية، أمانة منطقة تبوك، المديرية العامة للبريد، فرع وزارة الثقافة والإعلام، مكتب العمل، فرع وزارة الزكاة والدخل، هيئة الأمر بالمعروف والنهي عن المنكر، فرع وزارة الزراعة، فرع وزارة التجارة، فرع وزارة العدل، فرع وزارة المياه، فرع وزارة الشؤون الإسلامية والأوقاف والدعوة والإرشاد، فرع وزارة المالية والاقتصاد الوطني، فرع التأمينات الاجتماعية، الضمان الاجتماعي، هيئة الرقابة والتحقيق، هيئة التحقيق والادعاء العام، جمعية الهلال الأحمر السعودي) والبالغ عددهم(١٤٦٠٤) موظفا موزعين على كافة فروع الوزارات في منطقة تبوك والجدول (٢) يبين ذلك.

جدول (٢)

توزيع مجتمع الدراسة وأعدادهم × حسب الفروع في منطقة تبوك للعام (٢٠٠٨)

الرقم	الوزارة	عدد الموظفين	عدد الاستبانات الموزعة	عدد الاستبانات المستردة والصالحة والتحليل
١.	الإدارة العامة للتعليم بمنطقة تبوك	٦٧٤٦	٣٣٧	٢٧٨
٢.	المديرية العامة للشؤون الصحية بمنطقة تبوك	٣٧٠٠	١٨٥	١٥٦
٣.	المديرية العامة للطرق والنقل	٧٠	٣	٣
٤.	الأحوال المدنية	٤٥	٢	٢
٥.	أمانة منطقة تبوك	١١٥٠	٥٧	٤١
٦.	المديرية العامة للبريد	٧٠	٤	٤
٧.	فرع وزارة الثقافة والإعلام	٤٥	٢	٢
٨.	مكتب العمل	٣٠	٢	٢
٩.	فرع وزارة الزكاة والدخل	٣٠	٢	٢
١٠.	هيئة الأمر بالمعروف والنهي عن المنكر	٢٠٠	١٠	٨
١١.	فرع وزارة الزراعة	٣٠٠	١٥	١٠
١٢.	فرع وزارة التجارة	١١	١	١
١٣.	فرع وزارة العدل	١٣٠٠	٦٥	٤٧
١٤.	فرع وزارة المياه	٤٠٠	٢٠	١٣
١٥.	فرع وزارة الشؤون الإسلامية والأوقاف والدعوة والإرشاد	٢٠٠	١٠	٧
١٦.	فرع وزارة المالية والاقتصاد الوطني	٢٧	١	١
١٧.	فرع التأمينات الاجتماعية	٢٥	١	١
١٨.	الضمان الاجتماعي	٢٥	١	١
١٩.	هيئة الرقابة والتحقيق	٣٠	٢	٢
٢٠.	هيئة التحقيق والادعاء العام	١٠٠	٥	٤
٢١.	جمعية الهلال الأحمر السعودي	١٠٠	٥	٥
-	المجموع الكلي	١٤٦٠٤	٧٣٠	٥٩٠

٣,٣ عينة الدراسة:

تم اختيار عينة عشوائية بنسبة (٥%) من مجتمع الدراسة موزعة على جميع فروع الوزارات في منطقة تبوك وبذلك تكونت عينة الدراسة من (٧٣٠) موظفاً وموظفةً، ووزعت الاستبانات على أفراد عينة الدراسة، فاسترد منها (٦١٤) استبانة ما نسبته (٨٤.١١%) من حجم عينة الدراسة، واستبعدت (٢٤) استبانة لعدم صلاحيتها للتحليل، وبذلك أصبح عدد الاستبانات الصالحة للتحليل (٥٩٠) استبانة، مشكلة بذلك (٨٠.٨%) من عينة الدراسة.

جدول (٣)

توزيع أفراد عينة الدراسة حسب المتغيرات

(النوع الاجتماعي, العمر، المسمى الوظيفي، الخبرة الوظيفية، المؤهل التعليمي)

المتغير	المستوى	العدد	النسبة
النوع الاجتماعي	ذكور	٤٩٠	٨٣.١
	إناث	١٠٠	١٦.٩
	المجموع	٥٩٠	١٠٠.٠
	٣٠ سنة أو أقل	٧٦	١٢.٩
	من ٣١-٤٠ سنة	٩٣	١٥.٨
العمر	من ٤١-٥٠ سنة	٣٧٠	٦٢.٧
	٥٠ سنة فأكثر	٥١	٨.٦
	المجموع	٥٩٠	١٠٠.٠
	مدير	٥٩	١٠.٠
	مساعد مدير	١٠٨	١٨.٣
المسمى الوظيفي	رئيس قسم	١٨٨	٣١.٩
	موظف	٢٣٥	٣٩.٨
	المجموع	٥٩٠	١٠٠.٠

النسبة	العدد	المستوى	المتغير
٩.٥	٥٦	٥ سنوات فأقل	الخبرة الوظيفية
٢٣.٦	١٣٩	من ٦-١٠ سنوات	
٣٦.٩	٢١٨	من ١١-١٥ سنة	
٣٠.٠	١٧٧	١٦ سنة فأكثر	
%١٠٠	٥٩٠	المجموع	
١٦.٨	٩٩	الثانوية العامة فاقل	المؤهل التعليمي
٢٠.٢	١١٩	دبلوم متوسط	
٥٠.٨	٣٠٠	بكالوريوس	
١٢.٢	٧٢	دراسات عليا	
%١٠٠	٥٩٠	المجموع	

يلاحظ من الجدول (٢) فيما يتعلق بالنوع الاجتماعي فقد شكل الذكور ما نسبته (٨٣.١%)، في حين جاءت نسبة الإناث(١٦.٩%).

وفيما يتعلق بالخبرة فقد شكل العاملين الذين خبرتهم ٥ سنوات فأقل ما نسبته (٩.٥%)، مقابل (٢٣.٦%) من أفراد عينة الدراسة كانت خبرتهم من ٦-١٠ سنوات، مقابل (٣٠%) من أفراد عينة الدراسة كانت خبرتهم ١٦ سنة فأكثر، وأخيرا جاءت نسبة الأفراد الذين خبرتهم من ١١-١٥ سنة في المرتبة الأخيرة إذ بلغت (٣٦.٩%).

فيما يتعلق بمتغير المؤهل العلمي أن أعلى نسبة كانت لصالح العاملين الحاصلين على درجة البكالوريوس حيث بلغت (٥٠.٨%) يليها نسبة العاملين الحاصلين على درجة دبلوم متوسط إذ بلغت (٢٠.٢%)، يليها نسبة العاملين الحاصلين على درجة الثانوية العامة فما دون والتي بلغت (١٦.٨%)، وأخيراً جاءت نسبة العاملين الحاصلين على درجة الدراسات عليا والتي بلغت (١٢.٢%).

وبالنسبة للوظيفة فقد كانت أعلى نسبة لصالح الموظفين حيث بلغت (٣٩.٨%)، يليها نسبة رؤساء الأقسام حيث بلغت (٣١.٩%)، يليها نسبة مساعدي المدراء حيث بلغت (١٨.٣%)، جاءت نسبة المدراء في المرتبة الأخيرة حيث بلغت (١٠%).

وبالنسبة لمتغير العمر فقد شكل العاملين الذين تراوحت أعمارهم ما بين (٤١-٥٠) سنة ما نسبته (٦٢.٧%)، يليهم العاملين الذين تروحت أعمارهم ما بين(٣١-٤٠ سنة) بنسبة مقدارها (١٥.٨%)، يليهم العاملين الذين كانت أعمارهم (٣٠ سنة فأقل) بنسبة مقدارها (١٢.٩%)، وأخيراً جاء العاملين الذين كانت أعمارهم ٥٠ سنة فأكثر في المرتبة الأخيرة وبنسبة مقدارها (٨.٦%).

٣. ٤ أداة الدراسة:

تم تطوير أداة لتحقيق أغراض الدراسة من خلال الرجوع للأدب النظري المتعلق بالسياسات التنظيمية والتمكين الوظيفي، والاستعانة بالأدوات المستخدمة في الدراسات السابقة ذات الصلة كدراسة (الفوزان، ٢٠٠٥) فيما يتعلق بالسياسات التنظيمية، أما فيما يتعلق بالتمكين الوظيفي فقد تم الاسترشاد بدراسة (الطراونة، ٢٠٠٦؛ العتيبي، ٢٠٠٧؛ الزايدانين، ٢٠٠٦، عريقات، ٢٠٠٧؛ الحراحشة والهيتي، ٢٠٠٦). كما روعي في تطوير الاستبانة ان تكون متكيفة مع البيئة المبحوثة، وتشتمل أداة الدراسة على ثلاثة أجزاء:

الجزء الأول: متعلق بالبيانات الشخصية والوظيفية عن العاملين في وزارة التعليم العالي، ويشتمل على المؤهل العلمي، والخبرة، والوظيفة، والعمر.

أما الجزء الثاني: فقد خصص السياسات التنظيمية(الأهداف، الدعم التنظيمي، علاقات العمل، الحوافز والترقية، وتقييم الأداء).

أما الجزء الثالث: فقد خصص لقياس التمكين الوظيفي(المشاركة، فرق العمل، أهمية العمل) .

واعتمد في تطوير أداة الدراسة على مقياس (ليكرت Likert) الخماسي الذي يحتسب أوزان فقراتها على النحو التالي: (أوافق بشدة) ويمثل (٥ درجات)، و(أوافق) ويمثـل (٤ درجات)، و(أوافق بدرجة متوسطة) ويمثل (٣ درجات)، و(غير موافق) ويمثل (٢ درجة)، (غير موافق بشدة) ويمثل (١ درجة).

ووزعت فقرات الاستبانة (٥٤) لتشمل جميع المتغيرات المستقلة والتابعة، وذلك على النحو التالي:

١- الفقرات من (١ - ٣٠) وتقيس المتغير المستقل (السياسات التنظيمية)، وقد وزعت هذه الفقرات لتشمل أربعة أبعاد مستقلة أساسية هي:

الفقرات من (١ - ٧) وتقيس بعد (الأهداف).

الفقرات من (٨ - ١٣) وتقيس بعد (الدعم التنظيمي).

الفقرات من (١٤ - ١٨) وتقيس بعد (لعلاقات).

الفقرات من (١٩ - ٢٥) وتقيس بعد (الحوافز والترقية).

الفقرات من (٢٦ - ٣٠) وتقيس بعد (تقييم الأداء).

٢- الفقرات من (٣١-٥٤) وتقيس المتغير التابع (السلوك الإبداعي)، وقد وزعت هذه الفقرات لتشمل ثلاثة أبعاد تابعة أساسية هي:

الفقرات من (٣١ - ٣٧) وتقيس بعد (المشاركة).

الفقرات من (٣٨ - ٤٣) وتقيس بعد (فرق العمل).

الفقرات من (٤٤ - ٥٤) وتقيس بعد (أهمية العمل).

٣. ٥ صدق الأداة:

لقد تم عرض الاستبانة على لجنة من المحكمين المختصين وعددهم (٨) محكمين للتأكد من صدق فقرات الاستبانة، وقد تم الآخذ بآرائهم، وتم إعادة صياغة الفقرات التي طلب تعديلها من قبل المحكمين مع اعتبار ما يلي:

١. مناسبة الفقرة.

٢. وضوح الفقرة.

٣. انتماء الفقرة.

٣. ٦ ثبات الأداة:

للتأكد من ثبات الأداة تم تطبيقها على عينة استطلاعية تكونت من (٢٥) موظفاً وموظفة، تم استثنائهم من عينة الدراسة. وقد تم استخدام معادلة كرونباخ ألفا (Cronbach's Alpha Equation) للاتساق الداخلي، لحساب معامل ثبات الأداة لكل أداة من أدوات الدراسة والجدول (٤) يوضح نتائج ذلك

جدول (٤)

معاملات الثبات لكل أداة من أدوات الدراسة

الأداة	الأبعاد	معامل الثبات
السياسات التنظيمية	الأهداف	٠.٨٨
	الدعم التنظيمي	٠.٨٤
	العلاقات	٠.٨٣
	الحوافز والترقية	٠.٩١
	تقييم الأداء	٠.٨١
	الكلي	٠.٩٠
التمكين الوظيفي	المشاركة	٠.٩١
	فرق العمل	٠.٨٥
	أهمية العمل	٠.٨٩
	الكلي	٠.٩٢

تشير النتائج الواردة في الجدول (٤) إلى أن معاملات الثبات لأبعاد السياسات التنظيمية تراوحت بين (٠.٨١-٠.٩١) وللمجال الكلي (٠.٩٠) في حين تراوحت معاملات ثبات

أبعاد أداة التمكين الوظيفي (٠.٨٥ – ٠.٩١) وللمجال الكلي (٠.٩٢) وتعتبر هذه القيم مقبولة لأغراض إجراء هذه الدراسة.

٣. ٧ متغيرات الدراسة:

أولاً: المتغيرات المستقلة:

١. السياسات التنظيمية، وتشتمل على الأبعاد التالية (الأهداف، الدعم التنظيمي، علاقات العمل، والحوافز والترقية، وتقييم الأداء)

٢. المتغيرات الشخصية والوظيفية ، وتشتمل على ما يلي:

١- النوع الاجتماعي: وله فئتان : (ذكر, أنثى).

٢- العمر: وله ٤ مستويات : (٣٠ سنة أو أقل، من ٣١-٤٠ سنة ،من ٤١ - ٥٠ سنة، ٥١ فاكثر).

٣- المسمى الوظيفي: وله ٤ مستويات: (مدير، مساعد مدير، رئيس قسم، موظف)

٤- سنوات الخبرة: ولها ٤ مستويات (اقل من ٥ سنوات , من ٦ – ١٠ سنوات ,من ١١-١٥ سنة، ١٦ سنة فأكثر)

٥- المؤهل العلمي:وله ٤ مستويات (ثانوية عامة فاقل, دبلوم متوسط، بكالوريوس، دراسات عليا).

ثانياً: المتغير التابع (التمكين الوظيفي).

٣. ٨ المعالجات الإحصائية:

بعد أن تم إدخال البيانات باستخدام برنامج الرزم الإحصائية للعلوم الاجتماعية (SPSS) "Statistical Package For Social Sciences" تم استخدام المعالجات الإحصائية التالية

١- مقاييس الإحصاء الوصفيّ(Descriptive statistic Measures) لوصف خصائص عيّنة الدراسة بالأعداد والنسب المئوية، والمتوسطات الحسابية والانحراف المعياري.

٢- تحليل الانحدار المتعدّد(Multiple Regression Analysis) لاختبار مدى صلاحيّة نموذج الدراسة، وتأثير المتغيّر المستقلّ، على المتغيّر التابع.

٣- تحليل التباين المتعدد (Multiple ANOVA) لاختبار الفروق للمتغيّرات الديموغرافية في تصوّرات المبحوثين إزاء المتغيّرات التابعة.

٤- تحليل الانحدار المتعدد المتدرّج(Stepwise Multiple Regression Analysis) لاختبار دخول المتغيّرات المستقلّة في معادلة التنُّبؤ بالمتغيّر التابع.

٥- تحليل الانحدار البسيط (Simple Regression Analysis) لاختبار تأثير كل متغير مستقل على حدا على المتغير التابع.

٦- اختبار معامل تضخم التباين (Variance Inflation Factory) (VIF) واختبار التباين المسموح (Tolerance) للتأكُّد من عدم وجود ارتباط عالٍ (Multicollinearity) بين المتغيّرات المستقلّة.

٧- اختبار معامل الالتواء (Skewness) وذلك للتأكد من أنّ البيانات تتبع التوزيع الطبيعيّ (Normal Distributions).

٨- معادلة كرونباخ ألفا (Cronbach's Alpha) للاتساق الداخلي للتحقق من ثبات أداة الدراسة.

٣. ٩ التعريفات الإجرائية

السياسات التنظيمية: هي تلك المجموعات من القواعد التي تصدرها الإدارة العليا للمنظمة لترشد العاملين في أداء وظائفهم وتتخذ أسساً ومعايير في اتخاذ القرارات(حسين، ١٩٩٣).

ويعرفها الباحث إجرائيا بأنها مجموعة القواعد التي تصدرها الإدارة العليا لفروع الوزارات في منطقة تبوك في المملكة العربية السعودية.

التمكين الوظيفي: منح الأفراد حرية واسعة داخل المنظمة في اتخاذ القرارات من خلال توسيع نطاق تفويض السلطة، وزيادة المشاركة والتحفيز الذاتي، والتأكيد على أهمية العمل الجماعي، وتنمية السلوك الإبداعي (الحراحشة، والهيتي، ٢٠٠٨).

ويعرفها الباحث إجرائيا بأنها منح العاملين في الدوائر الحكومية في منطقة تبوك الحرية في اتخاذ القرارات من خلال تفويض السلطة، وزيادة المشاركة والتحفيز الذاتي.

الفصل الرابع
عرض النتائج ومناقشتها

١,٤ عرض النتائج:

فيما يلي عرض لنتائج التحليل الإحصائيّ الوصفيّ للبيانات، وهي قيمة المتوسطات الحسابية والانحرافات المعياريّة، والأهمية النسبية للسياسات التنظيمية والتمكين الوظيفي والفقرات المكوّنة لكل منهما، مع الأخذ بعين الاعتبار أن تدرج المقياس المستخدم في الدراسة كما يلي:

غير موافق بشدة	**غير موافق**	**أوافق بدرجة متوسطة**	**أوافق**	**أوافق بشدة**
(١)	(٢)	(٣)	(٤)	(٥)

واستناداً إلى ذلك فإنّ قيم المتوسّطات الحسابيّة التي وصلت إليها الدراسة، سيتمّ التعامل معها لتفسير البيانات على النحو التالي:

مرتفع	**متوسط**	**منخفض**
٣.٥ فما فوق	٢.٥-٣.٤٩	اقل من ٢.٥

وبناءً على ذلك فإذا كانت قيمة المتوسّط الحسابيّ للفقرات أكبر من (٣.٥) فيكون مستوى التصّورات مرتفعاً، وهذا يعني موافقة أفراد المجتمع على الفقرة، أمّا إذا كانت قيمة المتوسّط الحسابيّ(٢.٥-٣.٤٩) فإنّ مستوى التصّورات متوسّط، وإذا كان المتوسّط الحسابيّ أقلّ من(٢.٤٩) فيكون مستوى التصّورات منخفضاً.

الإجابة عن أسئلة الدراسة:

السؤال الأول:" ما درجة توافر السياسات التنظيمية لدى العاملين في الدوائر الحكومية في منطقة تبوك في المملكة العربية السعودية؟"

وللإجابة على هذا السؤال تـمّ احتسـاب المتوسّـطات الحسـابية والانحرافـات المعياريّـة، لتصّورات المبحوثين لدرجة توافر السياسات التنظيمية لدى العاملين في الـدوائر الحكوميـة في منطقة تبوك في المملكة العربية السعودية وعلى مستوى كل مجال مـن مجـالات السياسـات التنظيمية وعلى النحو الآتي:

جدول (٥)

المتوسطات الحسابية والانحرافات المعيارية لدرجة توافر السياسات التنظيمية لدى العاملين في الدوائر الحكومية في منطقة تبوك في المملكة العربية السعودية

تسلسل الفقرات	المجال	المتوسط الحسابي	الانحراف المعياري	درجة الموافقة
١-٧	الأهداف	٣.٧	٠.٤	مرتفع
٨-١٣	الدعم التنظيمي	٣.٩	٠.٤	مرتفع
١٤-١٨	العلاقات	٣.٨	٠.٥	مرتفع
١٩-٢٥	الحوافز والترقية	٣.٩	٠.٤	مرتفع
٢٦-٣٠	تقييم الأداء	٣.٣	٠.٦	متوسط
١-٣٠	المجال الكلي	٣.٧	٠.٢٤	مرتفع

يبين الجدول (٥) أنّ المتوسطات الحسابية لتصّورات المبحـوثين لدرجـة تـوافر السياسـات التنظيمية وعلى مستوى كل مجال لـدى العـاملين في الـدوائر الحكوميـة في منطقـة تبـوك في المملكة العربية السعودية(الحـوافز والترقيـة ,العلاقـات,الـدعم التنظيمـي, الأهـداف, تقيـيم الأداء)، جاءت بدرجة مرتفعة، حيث بلغ المتوسـط الكـلّي للسياسـات التنظيميـة(٣.٧)، وقـد احتـّل مجـال الحـوافز والترقيـة المرتبـة الأولى، بمتوسـط حسـابي بلــغ (٣.٩)وبدرجـة موافقـة مرتفعة، يلي ذلك مجال الدعم التنظيمي، بمتوسط حسابي بلغ (٣.٩) وبدرجة مرتفعة، وجـاء في المرتبة الثالثة مجال العلاقات، بمتوسـط حسـابي بلــغ (٣.٨) وبدرجـة مرتفعـة، أمـا مجـال الأهداف فقد جاء في المرتبة الرابعة بمتوسط حسابي بلغ (٣.٧) وهو يعكس أيضا

درجة موافقة مرتفعة، وجاء في المرتبة الخامسة والأخيرة مجال تقييم الأداء بمتوسط حسابي بلغ (٣.٣) وبدرجة موافقة متوسطة.

وفيما يلي عرض تفصيلي لتصّورات المبحوثين لدرجة توافر السياسات التنظيمية لدى العاملين في الدوائر الحكومية في منطقة تبوك في المملكة العربية السعودية وعلى مستوى كل مجال من مجالات السياسات التنظيمية وهي كما يلي:

١. مجال الأهداف:

جدول (٦)

المتوسطات الحسابية والانحرافات المعيارية لتصورات المبحوثين لمجال الأهداف كبعد من أبعاد السياسات التنظيمية في الدوائر الحكومية في منطقة تبوك في المملكة العربية السعودية

الرتبة	رقم الفقرة	الفقرة	المتوسط الحسابي	الانحراف المعياري	المستوى
١	٤	أعطي الألوية لتحقيق أهداف وزارتي عند انجازي لهدف	٤.٣	١.١	مرتفع
٢	٢	امتلك رؤية واضحة عن الأهداف التي تسعى وزارتي لتحقيقها	٤.٢	٠.٩	مرتفع
٣	٥	تعتمد الوزارة إستراتيجية الترابط بين الأهداف الفرعية والرئيسية	٤.٠	١.٠	مرتفع
٤	٧	تتبنى الوزارة سياسات مرنة لتحقيق حاجات العاملين	٤.١	١.٠	مرتفع
٥	٦	ان مسؤليات الإدارة العليا في وزارتي محددة بدقة ووضوح	٣.٢	١.٢	متوسط
٦	٣	لدى العاملين القدرة على تصور حالة الوزارة في المستقبل	٣.٠	١.٢	متوسط
٧	١	النظم والإجراءات المعمول بها في وزارتي كافية لتحقيق الأهداف	٢.٩	١.٢	متوسط
-	١-٧	الكلي	٣.٧	٠.٤	مرتفع

تشير البيانات الواردة في الجدول (٦) أنّ المتوسط الحسابي لتصّورات المبحوثين لمجال الأهداف كبعد من أبعاد السياسات التنظيمية لدى الموظفين العاملين في الدوائر الحكومية في منطقة تبوك في المملكة العربية السعودية، جاءت بدرجة مرتفعة، حيث بلغ المتوسط الكلّي (٣.٧).

وقد احتلت الفقرة (٤) والتي تنص "أعطي الأولوية لتحقيق أهداف وزارتي عند انجازي لعملي" المرتبة الأولى وبمتوسط حسابي (٤.٣) وهي تعكس درجة موافقة مرتفعة, في حين جاءت بالمرتبة الأخيرة الفقرة(١) والتي تنص " النظم والإجراءات المعمول بها في وزارتي كافية لتحقيق الأهداف" وبمتوسط حسابي(٢.٩) وهي تعكس موافقة متوسطة.

٢. مجال الدعم التنظيمي:

جدول (٧)

المتوسطات الحسابية والانحرافات المعيارية لتصورات المبحوثين لمجال الدعم التنظيمي كبعد من أبعاد السياسات التنظيمية في الدوائر الحكومية في منطقة تبوك في المملكة العربية السعودية

الرتبة	رقم الفقرة	الفقرة	المتوسط الحسابي	الانحراف المعياري	المستوى
١	١٢	تساعد بيئة العمل المادية في وزارتي (التهوية , التكييف ,..) على اداء عملي	٤.٣	١.٠	مرتفع
٢	٨	يمارس العاملين عملهم في معنويات عالية في الوزارة	٤.٢	٠.٨	مرتفع
٣	٩	الممارسات التنظيمية المطبقة في وزارتي ملائمة	٤.١	٠.٨	مرتفع
٤	١٠	اثق في القرارات التي تقوم وزارتي باتخاذها.	٤.٠	١.٠	مرتفع
٥	١٣	تساعد بيئة العمل التنظيمية في وزارتي (القواعد , الانظمة)على اداء عملي	٣.٥	١.٠	مرتفع
٦	١١	تتصف وزارتي بأنها مرنة وتتكيف باستمرار مع التغيير	٢.٩	١.٥	متوسط
-	٨-١٣	الكلي	٣.٩	٠.٤	مرتفع

تشير البيانات الواردة في الجدول (٧) أنّ المتوسط الحسابي لتصّورات المبحوثين لمجال الدعم التنظيمي كبعد من أبعاد السياسات التنظيمية لدى الموظفين العاملين في الدوائر الحكومية في منطقة تبوك في المملكة العربية السعودية، جاءت بدرجة مرتفعة، حيث بلغ المتوسط الكلّي (٣.٩).

وقد احتلت الفقرة (١٢) والتي تنص "تساعد بيئة العمل المادية في وزارتي على أداء عملي" المرتبة الأولى وبمتوسط حسابي (٤.٣) وهي تعكس درجة موافقة مرتفعة، في حين جاءت بالمرتبة الأخيرة الفقرة(١١) والتي تنص "تتصف وزارتي بأنها مرنة وتتكيف باستمرار مع التغيير" وبمتوسط حسابي(٢.٩) وهي تعكس موافقة متوسطة.

٣. مجال العلاقات

جدول (٨)

المتوسطات الحسابية والانحرافات المعيارية لتصورات المبحوثين لمجال العلاقات كبعد من أبعاد السياسات التنظيمية في الدوائر الحكومية في منطقة تبوك في المملكة العربية السعودية

الرتبة	رقم الفقرة	الفقرة	المتوسط الحسابي	الانحراف المعياري	المستوى
١	١٧	يهتم المسؤلين في وزارتي في الاختلافات الفردية بين العاملين في القيم والممارسات	٤.٢	١.٠	مرتفع
٢	١٤	يسود علاقتي برئيسي المباشر الاحترام المتبادل	٤.١	١.٠	مرتفع
٣	١٥	تسود علاقة الثقة والاحترام والتعاون بين العاملين في وزارتي	٣.٨	٠.٨	مرتفع
٤	١٦	يؤمن العاملون في وزارتي بأهمية العمل الجماعي	٣.٧	٠.٨	مرتفع
٥	١٨	يقدم المسؤلين الدعم الكافي لحل المشاكل التي تواجهني اثناء العمل	٣.٢	١.٤	متوسط
-	١٤-١٨	الكلي	٣.٨	٠.٥	مرتفع

تشير البيانات الواردة في الجدول (٨) أنّ المتوسط الحسابي لتصّورات المبحوثين لمجال العلاقات كبعد من أبعاد السياسات التنظيمية لدى الموظفين العاملين في الدوائر الحكومية في منطقة تبوك في المملكة العربية السعودية، جاءت بدرجة مرتفعة، حيث بلغ المتوسط الكلّي (٣.٨).

وقد احتلت الفقرة (١٧) والتي تنص "يهتم المسؤولين في وزارتي بالاختلافات الفردية بين العاملين في القيم والممارسات" المرتبة الأولى وبمتوسط حسابي (٤.٢) وهي تعكس درجة موافقة مرتفعة, في حين جاءت بالمرتبة الأخيرة الفقرة(١٨) والتي تنص "يقدم المسؤولين الدعم الكافي لحل المشاكل التي تواجهني أثناء العمل" وبمتوسط حسابي(٣.٢) وهي تعكس موافقة متوسطة.

٤.الحوافز والترقية:

جدول (٩)

المتوسطات الحسابية والانحرافات المعيارية لتصورات المبحوثين لمجال الحوافز والترقية كبعد من أبعاد السياسات التنظيمية في الدوائر الحكومية في منطقة تبوك في المملكة العربية السعودية

الرتبة	رقم الفقرة	الفقرة	المتوسط الحسابي	الانحراف المعياري	المستوى
١	٢٠	الحوافز التي احصل عليها ترتبط في المجهود الذي ابذلة في ادائي لعملي	٤.٢	٠.٧	مرتفع
٢	١٩	نظام الحوافز في وزارتي يتسم بانه عادل	٤.١	٠.٨	مرتفع
٣	٢٤	تتم الترقية في وزارتي على اسس موضوعية	٤.١	٠.٨	مرتفع
٤	٢٥	ترتبط الترقية في وزارتي بالاداء الوظيفي	٤.١	١.٠	مرتفع
٥	٢٢	يوجد عدالة في توزيع الحوافز في وزارتي بين العاملين	٤.٠	٠.٨	مرتفع
٦	٢١	اعتقد ان نظام المكافئات المستخدم في وزارتي مشجع على التطوير الذاتي	٣.٦	١.١	مرتفع
٧	٢٣	امنح ما استحق من نظام الحوافز في الوقت المحدد	٣.٥	١.٠	مرتفع
-	١٩-٢٥	الكلي	٣.٩	٠.٤	مرتفع

تشير البيانات الواردة في الجدول (٩) أنّ المتوسط الحسابي لتصّورات المبحوثين لمجال الحوافز والترقية كبعد من أبعاد السياسات التنظيمية لدى الموظفين العاملين في الدوائر

الحكومية في منطقة تبوك في المملكة العربية السعودية، جاءت بدرجة مرتفعة، حيث بلغ المتوسط الكلّي(٣.٩).

وقد احتلت الفقرة (٢٠) والتي تنص " الحوافز التي احصل عليها ترتبط في المجهود الذي ابذلة في ادائي لعملي" المرتبة الأولى وبمتوسط حسابي (٤.٢) وهي تعكس درجة موافقة مرتفعة، في حين جاءت بالمرتبة الأخيرة الفقرة(٢٣) والتي تنص "امنح ما استحق من الحوافز في الوقت المحدد" وبمتوسط حسابي(٣.٤) وهي تعكس موافقة مرتفعة.

٥.تقييم الأداء:

جدول (١٠)

المتوسطات الحسابية والانحرافات المعيارية لتصورات المبحوثين لمجال تقييم الأداء كبعد من أبعاد السياسات التنظيمية في الدوائر الحكومية في منطقة تبوك في المملكة العربية السعودية

الرتبة	رقم الفقرة	الفقرة	المتوسط الحسابي	الانحراف المعياري	المستوى
١	٢٧	عناصر تقييم الاداء الوظيفي المستخدمه في نماذج التقييم واضحة	٣.٦	٠.٩	مرتفع
٢	٣٠	عناصر تقييم الاداء تغطي جميع الابعاد التي ينبغي ان يتم تقويمها في الوظيفة التي اشغلها	٣.٥	١.٠	مرتفع
٣	٢٨	يوضح رئيسي محاور عملية التقييم قبل بداية عملية التقييم	٣.٤	١.٠	متوسطة
٤	٢٦	يعكس نظام تقييم الاداء الوظيفي في الوزارة مستوى ادائي	٣.١	١.١	متوسطة
٥	٢٩	يتلاءم نظام تقيم الاداء الوظيفي في وزارتي مع الوصف الوظيفي	٣.٠	١.١	متوسطة
-	٢٦-٣٠	الكلي	٣.٣	٠.٦	متوسط

تشير البيانات الواردة في الجدول (١٠) أنّ المتوسط الحسابي لتصّورات المبحوثين لمجال تقييم الأداء كبعد من أبعاد السياسات التنظيمية لدى الموظفين العاملين في الدوائر الحكومية في منطقة تبوك في المملكة العربية السعودية، جاءت بدرجة متوسطة، حيث بلغ المتوسط الكلّي (٣.٣).

وقد احتلت الفقرة (٢٧) والتي تنص "عناصر تقييم الأداء الوظيفي المستخدمة في نماذج التقييم واضحة " المرتبة الأولى وبمتوسط حسابي(٣.٦) وهي تعكس درجة موافقة مرتفعة، في حين جاءت بالمرتبة الأخيرة الفقرة(٢٩) والتي تنص "يتلائم نظام تقييم الأداء الوظيفي في وزارتي مع الوصف الوظيفي" وبمتوسط حسابي(٣.٠) وهي تعكس موافقة متوسطة.

ثانياً: النتائج المتعلقة بالإجابة على السؤال الثاني:

"ما مستوى التمكين الوظيفي لدى العاملين في الدوائر الحكومية في منطقة تبوك في المملكة العربية السعودية؟ "

وللإجابة على هذا السؤال تمّ احتساب المتوسّطات الحسابية والانحرافات المعياريّة، لتصّورات المبحوثين على مستوى كل مجال من مجالات التمكين الوظيفي لدى العاملين في الدوائر الحكومية في منطقة تبوك في المملكة العربية السعودية وعلى النحو الآتي والجدول (١١) يوضح نتائج ذلك:

جدول (١١)

المتوسطات الحسابية والانحرافات المعيارية لمستوى التمكين الوظيفي لدى العاملين في الدوائر الحكومية في منطقة تبوك في المملكة العربية السعودية

الرتبة	المجال	المتوسط الحسابي	الانحراف المعياري	المستوى
١	أهمية العمل	٣.٨	٠.٣	مرتفع
٢	فرق العمل	٣.٧	٠.٥	مرتفع
٣	المشاركة	٣.٥	٠.٥	مرتفع
-	الكلي	٣.٧	٠.٣	مرتفع

يبين الجدول (١١) أنّ المتوسطات الحسابية لتصّورات المبحوثين لمستوى التمكين الوظيفي لدى العاملين في الدوائر الحكومية في منطقة تبوك في المملكة العربية السعودية

(أهمية العمل, فرق العمل, المشاركة) جاءت بدرجة مرتفعة، حيث بلغ المتوسط الكلّي لمستوى التمكين الوظيفي (٣.٧)، وقد احتّل مجال أهمية العمل المرتبة الأولى، بمتوسط حسابي بلغ (٣.٨) وبدرجة موافقة مرتفعة، يلي ذلك مجال فرق العمل، بمتوسط حسابي بلغ (٣.٧) وبدرجة مرتفعة، وجاء في المرتبة الثالثة والأخيرة مجال المشاركة، بمتوسط حسابي بلغ (٣.٥) وبدرجة موافقة متوسطة.

وفيما يلي عرض تفصيلي لتصّورات المبحوثين لمستوى التمكين الوظيفي لدى العاملين في الدوائر الحكومية في منطقة تبوك في المملكة العربية السعودية وعلى مستوى كل مجال من مجالات التمكين الوظيفي وهي كما يلي:

١. مجال المشاركة:

جدول (١٢)

المتوسطات الحسابية والانحرافات المعيارية لتصورات المبحوثين لمجال المشاركة كبعد من أبعاد التمكين الوظيفي في الدوائر الحكومية في منطقة تبوك في المملكة العربية السعودية

الرتبة	رقم الفقرة	الفقرة	المتوسط الحسابي	الانحراف المعياري	المستوى
١	٣١	اقوم بمشاركة زملائي في الوزارة أثناء تأديتي لعملي	٤.٣	١.٠	مرتفع
٢	٣٢	أقوم بتشخيص المشكلات التي أوجهها إثناء عملي بمساعدة الآخرين	٤.٢	١.٠	مرتفع
٣	٣٥	اشعر بان عملي في الوزارة يؤثر بالآخرين	٣.٦	١.٠	مرتفع
٤	٣٧	استطيع الاطلاع على المعلومات الواردة للإدارة	٣.٥	١.٠	مرتفع
٥	٣٣	امتلك الفرصة الكافية من الاستقلالية في تنفيذ عملي	٣.١	١.٣	متوسط
٦	٣٦	لدي مساهمات كبيرة فيما يحصل من تطور في وزارتي على المدى البعيد	٣.٠	١.٢	متوسط
٧	٣٤	اشعر بكامل الحرية لابتكار الأسلوب الذي اعتقد انه مناسب لادائي لعملي	٢.٨	١.٣	متوسط
-	٣١-٣٧	الكلي	٣.٥	٠.٥	مرتفع

تشير البيانات الواردة في الجدول (١٢) أنّ المتوسط الحسابي لتصّورات المبحوثين لمجال المشاركة كبعد من أبعاد التمكين الوظيفي لدى الموظفين العاملين في الدوائر الحكومية في منطقة تبوك في المملكة العربية السعودية، جاءت بدرجة مرتفعة، حيث بلغ المتوسط الكلّي (٣.٥).

وقد احتلت الفقرة (٣١) والتي تنص "أقوم بمشاركة زملائي في الوزارة أثناء تأديتي لعملي" المرتبة الأولى وبمتوسط حسابي (٤.٣) وهي تعكس درجة موافقة مرتفعة، في حين جاءت بالمرتبة الأخيرة الفقرة(٣٤) والتي تنص "اشعر بكامل الحرية لابتكار الأسلوب الذي اعتقد انه مناسب لأدائي لعملي" وبمتوسط حسابي (٢.٨) وهي تعكس موافقة متوسطة.

٢.مجال فرق العمل:

جدول (١٣)

المتوسطات الحسابية والانحرافات المعيارية لتصورات المبحوثين لمجال فرق العمل كبعد من أبعاد التمكين الوظيفي في الدوائر الحكومية في منطقة تبوك في المملكة العربية السعودية

الرتبة	رقم الفقرة	الفقرة	المتوسط الحسابي	الانحراف المعياري	المستوى
١	٣٩	ارغب في العمل في فرق مكلفة بحل المشاكل	٤.١	٠.٩	مرتفع
٢	٤٢	يتم توزيع الادوار بين العاملين حسب الاستعددات المتوفرة	٤.٠	٠.٨	مرتفع
٣	٤٣	تترابط الانشطة في الوزارة فيما بينها كوحدة متكاملة	٣.٩	١.١	مرتفع
٤	٤١	تسير الاتصالات الادارية بين جماعات العمل والوحدات الادارية بيسر وسهولة	٣.٧	٠.٨	مرتفع
٥	٣٨	يعمل الافراد في وزارتي بروح الفريق الواحد	٣.٥	١.٠	متوسط
٦	٤٠	يمنح مديري السلطة والمسؤلية لجميع اعضاء الفريق لاداء اعمالهم بشكل متكامل	٣.٢	١.٢	متوسط
-	٣٨-٤٣	الكلي	٣.٧	٠.٥	مرتفع

تشير البيانات الواردة في الجدول (١٣) أنّ المتوسط الحسابي لتصّورات المبحوثين لمجال فرق العمل كبعد من أبعاد التمكين الوظيفي لدى الموظفين العاملين في الدوائر الحكومية في منطقة تبوك في المملكة العربية السعودية، جاءت بدرجة مرتفعة، حيث بلغ المتوسط الكلّي(٣.٧).

وقد احتلت الفقرة(٣٩) والتي تنص "ارغب في العمل في فرق مكلفة بحل المشاكل" المرتبة الأولى وبمتوسط حسابي(٤.١) وهي تعكس درجة موافقة مرتفعة، في حين جاءت بالمرتبة الأخيرة الفقرة رقم (٤٠) والتي تنص "يمنح مديري السلطة والمسؤولية لجميع أعضاء الفريق لأداء أعمالهم بشكل متكامل" وبمتوسط حسابي(٣.٢) وهي تعكس موافقة متوسطة.

٣. مجال أهمية العمل:

جدول (١٤)

المتوسطات الحسابية والانحرافات المعيارية لتصورات المبحوثين لمجال أهمية العمل كبعد من أبعاد التمكين الوظيفي في الدوائر الحكومية في منطقة تبوك في المملكة العربية السعودية

الرتبة	رقم الفقرة	الفقرة	المتوسط الحسابي	الانحراف المعياري	المستوى
١	٤٧	امتلك الخبرة الفنية والمهارات الضرورية لاداء العمل	٤.٣	٠.٧	مرتفع
٢	٤٦	اشعر بانني استخدم وقتي في تنفيذ عمل مهم	٤.٢	٠.٧	مرتفع
٣	٥١	أقوم بتقليد سلوك بعض الرؤساء الماهرين في المنظمة	٤.٢	١.٠	مرتفع
٤	٥٣	اعتقد بان محاكات سلوك الاخرين المميزين يساعدني على تطوير بعض المهارات اللازمة لاداء العمل	٤.٢	٠.٨	مرتفع
٥	٤٨	اشعر بالثقة في وزارتي على انجاز العمل	٤.١	٠.٧	مرتفع
٦	٤٩	لدي الاهتمام بتجربة الافكار الجديدة في العمل	٤.١	٠.٨	مرتفع
٧	٥٢	اقوم بتقليد سلوك بعض العاملين المميزين بالعمل	٤.١	٠.٩	مرتفع
٨	٥٠	لدي مساهمات كبيرة فيما يحصل من تطور في وزارتي على المدى البعيد	٣.٧	١.٠	مرتفع
٩	٥٤	ان اسلوب التقليد يساعدني على تغيير بعض سلوكياتي السلبية في العمل	٣.٤	١.٢	متوسط
١٠	٤٤	اشعر بان عملي في الوزارة مهم	٣.١	١.٣	متوسط
١١	٤٥	اعتقد ان النشاطات التي امارسها اثناء عملي ذات قيمة ومعنى	٣.٠	١.١	متوسط
-	٤٤-٥٤	الكلي	٣.٨	٠.٣	مرتفع

تشير البيانات الواردة في الجدول (١٤) أنّ المتوسط الحسابي لتصّورات المبحوثين لمجال أهمية العمل كبعد من أبعاد التمكين الوظيفي لدى الموظفين العاملين في الدوائر الحكومية في منطقة تبوك في المملكة العربية السعودية، جاءت بدرجة مرتفعة، حيث بلغ المتوسط الكلّي (٣.٨).

وقد احتلت الفقرة (٤٧) والتي تنص "امتلك الخبرة الفنية والمهارات الضرورية لاداء العمل" المرتبة الأولى وبمتوسط حسابي (٤.٣) وهي تعكس درجة موافقة مرتفعة، في حين جاءت بالمرتبة الأخيرة الفقرة (٤٥) والتي تنص "اشعر بان عملي في الوزارة مهم" وبمتوسط حسابي (٣.٠) وهي تعكس موافقة متوسطة.

اختبار الفرضيات

قبل البدء في تطبيق تحليل الانحدار لاختبار فرضيات الدراسة، قام الباحث بإجراء بعض الاختبارات، وذلك من أجل ضمان ملائمة البيانات لافتراضات تحليل الانحدار، وذلك على النحو التالي: تم التأكد من عدم وجود ارتباط عالٍ بين المتغيرات المستقلة (Multicollinearity) باستخدام اختبار معامل تضخم التباين (VIF)(Variance Inflation Factory) واختبار التباين المسموح (Tolerance) لكل متغير من متغيرات الدراسة، مع مراعاة عدم تجاوز معامل تضخم التباين(VIF) للقيمة(١٠) وقيمة اختبار التباين المسموح(Tolerance) أكبر من(٠.٠٥) وتم أيضاً التأكد من إتباع البيانات للتوزيع الطبيعي(Normal Distribution) باحتساب معامل الالتواء(Skewness) مراعين أن البيانات تتبع التوزيع الطبيعي إذا كانت قيمة معامل الالتواء تقل عن(١). والجدول (١٥) يبين نتائج هذه الاختبارات.

الجدول (١٥)

اختبار معامل تضخم التباين والتباين المسموح ومعامل الالتواء

المتغيرات المستقلة	الأبعاد الفرعية	VIF	Tolerance	Skewness
البعد الكلي	الأهداف	١.٠٥٨	٠.٩٤٥	٠.٢٢٣-
السياسات التنظيمية	الدعم التنظيمي	١.٠٢٤	٠.٩٧٧	٠.٥٣٠-
	العلاقات	١.٠٦٨	٠.٩٣٧	٠.٢١٣-
	الحوافز والترقية	١.٠٧٣	٠.٩٣٢	٠.١٨٣-
	تقييم الأداء	١.٠٦٠	٠.٩٤٣	٠.٣٤

نلاحظ أن قيم اختبار معامل تضخم التبـاين(VIF) لجميـع المتغـيرات تقـل عـن(١٠) وتتراوح بين (١.٠٥٨- ١.٠٧٣)، وأن قيم اختبار التبـاين المسـموح (Tolerance) تراوحـت بـين (٠.٩٣٢- ٠.٩٧٧)، وهي أكبر من(٠.٠٥) ويعد هذا مؤشراً عـلى عـدم وجـود ارتبـاط عـالٍ بـين المتغـيرات المسـتقلة (Multicollinearity)، وقـد تـم التأكـد مـن أن البيانـات تتبـع التوزيـع الطبيعي باحتساب معامل الالتواء(Skewness)، حيث كانت القيم أقل من (١).

الفرضية الرئيسة الأولى: لا يوجد اثر ذو دلاله إحصائية عند مستوى دلالة ($\alpha \leq$٠.٠٥) للسياسات التنظيمية (الأهداف، الدعم التنظيمي، علاقات العمل، الحوافز والترقية، وتقيـيم الأداء) في التمكين الوظيفي لدى العاملين في الدوائر الحكوميـة في منطقـة تبـوك في المملكـة العربية السعودية.

تم التأكد من صلاحية النموذج للفرضـية الرئيسـة الأولى، والجـدول (١٥)يوضـح نتـائج ذلك

جدول (١٦)

نتائج تحليل التباين للانحدار(Analysis Of variance) للتأكد من صلاحية النموذج لاختبار فرضيات الدراسة

المتغير التابع	المصدر	معامل التحديد R^2	مجموع المربعات	متوسط المربعات	قيمة F المحسوبة	مستوى دلالة F
التمكين الوظيفي	الانحدار الخطأ	٠.١٤٧	٦.٣٤٣ ٣٦.٦٨٠ ٤٣.٠٢٤	١.٢٦٩ ٠.٠٣٦	*٢٠.١٩٩*	٠.٠٠٠

* ذات دلالة إحصائية على مستوى دلالة($\alpha \leq$ ٠.٠٥).

ونجد أن من معطيات الجدول (١٦) ثبات صلاحية نموذج اختبار فرضية الدراسة الرئيسية، وذلك استناداً إلى قيمة (F) المحسوبة، والبالغ قيمتها (F=١٤٦.٦١٧) وبمستوى دلالة (α = ٠.٠٠٠) وهي دالة إحصائياً عند مستوى دلالة ($\alpha \leq$ ٠.٠٥)، وأن السياسات التنظيمية تفسِّر (١٤.٧%) من التباين في المتغير التابع (التمكين الوظيفي). وبناء على ذلك نستطيع اختبار فرضية الدراسة الأولى وإجراء تحليل الانحدار المتعدد لاختبار اثر السياسات التنظيمية في التمكين الوظيفي لدى العاملين في الدوائر الحكومية في منطقة تبوك في المملكة العربية السعودية والجدول رقم (١٧) يوضح نتائج ذلك.

جدول (١٧)

نتائج تحليل الانحدار المتعدد لاختبار أثر أبعاد المتغير المستقل السياسات التنظيمية في التمكين الوظيفي

البُعد المستقل	B	الخطأ المعياري	Beta	قيمة t المحسوبة	مستوى دلالة t
الأهداف	٠.٠٥٥	٠.٠٢٥	٠.٠٨٦	*٢.١٩١	٠.٠٢٩
الدعم التنظيمي	٠.٠١١	٠.٠٢٦	٠.٠١٦	٠.٤٠٨	٠.٦٨٤
علاقات العمل	٠.٠٧٩	٠.٠٢١	٠.١٥١	*٣.٨٢٦	٠.٠٠٠
الحوافز والترقية	٠.١٤٨	٠.٠٢٧	٠.٢١٤	*٥.٤١٤	٠.٠٠٠
تقييم الأداء	٠.٠٩١	٠.٠١٩	٠.١٨٥	*٤.٧٠٩	٠.٠٠٠

* ذات دلالة إحصائية على مستوى(٠.٠٥ ≥ α).

يتضح من النتائج الإحصائية الواردة في الجدول رقم (١٧)، ومن متابعة معاملات (Beta)، واختبار(t) أن متغير (الأهداف) ذو تأثير دال إحصائيا في التمكين الوظيفي لدى العاملين في الدوائر الحكومية في منطقة تبوك في المملكة العربية السعودية، بدلالة معامل(Beta) لهذا المتغير كما تظهر في الجدول رقم (١٧) إن قيمة (t=٢.١٩١) وبدلالة إحصائية (α=٠.٠٢٩) وهي دالة إحصائيا عند مستوى دلالة (٠.٠٥ ≥ α). وأشارت النتائج أن متغير (علاقات العمل) ذو تأثير دال إحصائيا في التمكين الوظيفي لدى العاملين في الدوائر الحكومية في منطقة تبوك في المملكة العربية السعودية، بدلالة معامل(Beta) لهذا المتغير وإن قيمة (t=٣.٨٢٦) وبدلالة إحصائية (α=٠.٠٠٠) وهي دالة إحصائيا عند مستوى دلالة (٠.٠٥ ≥ α). وأشارت النتائج أن متغير (الحوافز والترقية) ذو تأثير دال إحصائيا في التمكين الوظيفي لدى العاملين في الدوائر الحكومية في منطقة تبوك في المملكة العربية السعودية، بدلالة معامل(Beta) لهذا المتغير وإن قيمة (t=٥٤١٤) وبدلالة إحصائية (α=٠.٠٠٠) وهي دالة إحصائيا عند مستوى دلالة (٠.٠٥ ≥ α). وأشارت النتائج أن متغير (تقييم الأداء) ذو تأثير دال إحصائيا في التمكين الوظيفي لدى العاملين في الدوائر الحكومية في منطقة تبوك في المملكة العربية السعودية، بدلالة معامل(Beta) لهذا المتغير وإن قيمة (t=٤.٧٠٩) وبدلالة إحصائية (α=٠.٠٠٠) وهي دالة إحصائيا عند مستوى دلالة (٠.٠٥ ≥ α). وأشارت النتائج أن متغير (الدعم التنظيمي) ليس له تأثير دال إحصائيا في التمكين الوظيفي لدى العاملين في الدوائر الحكومية في منطقة تبوك في المملكة العربية السعودية، حيث بلغت قيمة (t=٠.٤٠٨) وبدلالة إحصائية (α=٠.٦٨٤) وهي غير دالة إحصائيا عند مستوى دلالة (٠.٠٥ ≥ α).

ومما سبق يتبين ما يلي: رفض الفرضية الأولى جزئياً التي تنص على انه لا يوجد أثر هام ذو دلالة إحصائية للسياسات التنظيمية (الأهداف، علاقات العمل، الحوافز والترقية،

تقييم الأداء) في التمكين الوظيفي لدى العاملين في الدوائر الحكومية في منطقة تبوك في المملكة العربية السعودية. وقبول الفرضية جزئياً فيما يتعلق بمتغير الدعم التنظيمي.

ولبيان ترتيب دخول المتغيرات المستقلة في معادلة الانحدار تم إجراء تحليل الانحدار المتعدد التدريجي (Stepwise Multiple Regression) لتحديد أهمية كل متغير مستقل على حدة في المساهمة في النموذج الرياضي، الذي يمثل أثر السياسات التنظيمية (الأهداف، الدعم التنظيمي، علاقات العمل، الحوافز والترقية، تقييم الأداء) في التمكين الوظيفي لدى العاملين في الدوائر الحكومية في منطقة تبوك في المملكة العربية السعودية، والجدول (١٨) يوضح نتائج ذلك.

جدول (١٨)

نتائج تحليل الانحدار المتعدد التدريجي "Stepwise Multiple Regression" للتنبؤ بالتمكين الوظيفي من خلال السياسات التنظيمية كمتغيرات مستقلة

ترتيب دخول العناصر المستقلة في معادلة التنبؤ	قيمة R^2 المعدلة	قيمة t المحسوبة	مستوى دلالة t
الحوافز والترقية	٠.٠٧٠	٥.٥٠٥	٠.٠٠٠
تقييم الأداء	٠.١١٨	٤.٧١٥	٠.٠٠٠
علاقات العمل	٠.١٤٠	٣.٨٦٦	٠.٠٠٠
الأهداف	٠.١٤٧	٢.١٨٢	٠.٠٢٩

* ذات دلالة إحصائية على مستوى($\alpha \leq$ ٠.٠٥).

تشير البيانات الواردة في الجدول(١٨) إلى إن بعد (الحوافز والترقية) قد احتل المرتبة الأولى وفسر ما مقداره(٧%) من التباين في المتغير التابع، تلاه متغير (تقييم الأداء) وفسر مع متغير الحوافز والترقية (١١.٨%) من التباين في المتغير التابع، ودخل ثالثاً متغير علاقات العمل حيث فسر مع المتغيرين السابقين ما مقداره(١٤%) من التباين في المتغير التابع، ودخل أخيراً متغير الأهداف حيث فسر مع المتغيرات السابقة ما مقداره(١٤.٧%) من التباين في مستوى التمكين الوظيفي.

الفرضية الرئيسة الثانية: " لا توجد فروق ذات دلالة إحصائية عند مستوى دلالة (α ≤ ٠.٠٥)، لدرجة توافر السياسات التنظيمية في الدوائر الحكومية في منطقة تبوك في المملكة العربية السعودية تعزى للمتغيرات الشخصية والوظيفية (النوع الاجتماعي، العمر، المسمى الوظيفي، الخبرة الوظيفية في الوزارات، المؤهل العلمي) "

لاختبار صحة الفرضية تم استخدام تحليل التباين المتعدد للكشف عن هذه الفروقات، والجدول (١٩) يوضح نتائج ذلك.

جدول (١٩)

نتائج تحليل التباين المتعدد للكشف عن الفروقات في درجة توافر السياسات التنظيمية لدى العاملين في الدوائر الحكومية في منطقة تبوك باختلاف متغيرات الدراسة (النوع الاجتماعي، العمر، المسمى الوظيفي، الخبرة الوظيفية، المؤهل العلمي)

مستوى الدلالة	قيمة (F)	متوسط المربعات	درجات الحرية	مجموع المربعات	مصدر التباين
٠.٠٨٩	٢.٩٠٦*	٠.١٧٠	١	٠.١٧٠	النوع الاجتماعي
٠.٧٨٣	٠.٣٥٩*	٠.٠٢١	٣	٠.٠٦٣	العمر
٠.٤٦٨	٠.٨٤٨*	٠.٠٥	٣	٠.١٤٩	المسمى الوظيفي
٠.٠٨٣	٢.٢٣٩*	٠.١٣١	٣	٠.٣٩٣	الخبرة الوظيفية
٠.٢٧٠	١.٣١٢*	٠.٠٧٧	٣	٠.٢٣١	المؤهل العلمي
		٠.٠٥٩	٥٧٦	٣٣.٧٤٢	الخطأ
			٥٨٩	٣٤.٨٢٥	المجموع

* غير دالة إحصائيا على مستوى (α ≤ ٠.٠٥).

تشير البيانات الواردة في الجدول (١٩) أنه لا توجد فروق ذات دلالة إحصائية في درجة توافر السياسات التنظيمية لدى العاملين في الدوائر الحكومية في منطقة تبوك يعزى لمتغير (المسمى الوظيفي)، حيث بلغت قيمة (F) المحسوبة (F=٨٤٨)، وبدلالة إحصائية (α = ٠.٤٦٨) وهي غير دالة إحصائيا عند مستوى دلالة (α ≤ ٠.٠٥)، وأشارت النتائج أنه لا توجد فروق ذات دلالة إحصائية في درجة توافر السياسات التنظيمية لدى العاملين

في الدوائر الحكومية في منطقة تبوك يعزى لمتغير(الخبرة الوظيفية)، حيث بلغت قيمة(F) المحسوبة (F= ٢.٢٣٩)، وبدلالة إحصائية (α = ٠.٠٨٣) وهي غير دالة إحصائيا عند مستوى دلالة (α ≤ ٠.٠٥). وأشارت النتائج أنه لا توجد فروق ذات دلالة إحصائية في درجة توافر السياسات التنظيمية لدى العاملين في الدوائر الحكومية في منطقة تبوك يعزى لمتغير(النوع الاجتماعي)، حيث بلغت قيمة(F) المحسوبة (F= ٢.٩٠٦)، وبدلالة إحصائية (α = ٠.٠٨٩) وهي غير دالة إحصائيا عند مستوى دلالة(α ≤ ٠.٠٥)، وأشارت النتائج أنه لا توجد فروق ذات دلالة إحصائية في درجة توافر السياسات التنظيمية لدى العاملين في الدوائر الحكومية في منطقة تبوك يعزى لمتغير(العمر)، حيث بلغت قيمة(F) المحسوبة (F= ٠.٣٥٩)، وبدلالة إحصائية (α = ٠.٧٨٣) وهي غير دالة إحصائيا عند مستوى دلالة(α ≤ ٠.٠٥)، وأشارت النتائج أنه لا توجد فروق ذات دلالة إحصائية في درجة توافر السياسات التنظيمية لدى العاملين في الدوائر الحكومية في منطقة تبوك يعزى لمتغير(المؤهل العلمي)، حيث بلغت قيمة(F) المحسوبة (F= ١.٣١٢)، وبدلالة إحصائية (α = ٠.٢٧٠) وهي غير دالة إحصائيا عند مستوى دلالة(α ≤ ٠.٠٥)، مما يجعلنا نقبل هذه الفرضية والتي تنص على أنه لا توجد فروق ذات دلالة إحصائية عند مستوى دلالة (α ≤ ٠.٠٥)، لدرجة توافر السياسات التنظيمية في الدوائر الحكومية في منطقة تبوك في المملكة العربية السعودية تعزى للمتغيرات الشخصية والوظيفية (النوع الاجتماعي، العمر، المسمى الوظيفي، الخبرة الوظيفية في الوزارات، المؤهل العلمي).

الفرضية الرئيسة الثالثة: " لا توجد فروق ذات دلالة إحصائية عند مستوى دلالة ($\alpha \leq ٠.٠٥$) لمستوى التمكين الوظيفي في الدوائر الحكومية في منطقة تبوك في المملكة العربية السعودية تعزى للمتغيرات الشخصية والوظيفية (النوع الاجتماعي , العمر، المسمى الوظيفي، الخبرة الوظيفية في الوزارات، المؤهل العلمي) "

لاختبار صحة الفرضية تم استخدام تحليل التباين المتعدد للكشف عن هذه الفروقات، والجدول (٢٠) يوضح نتائج ذلك.

جدول (٢٠)

نتائج تحليل التباين المتعدد للكشف عن الفروقات في مستوى التمكين الوظيفي لدى العاملين في الدوائر الحكومية في منطقة تبوك باختلاف متغيرات الدراسة (النوع الاجتماعي , العمر، المسمى الوظيفي، الخبرة الوظيفية، المؤهل العلمي)

مصدر التباين	مجموع المربعات	درجات الحرية	متوسط المربعات	قيمة (F)	مستوى الدلالة
النوع الاجتماعي	٠.٠٠٠٦	١	٠.٠٠٠٦	٠.٠١٠	٠.٩٢١
العمر	٠.٨٨٠	٣	٠.٢٩٣	*٤.١٠٧	٠.٠٠٧
المسمى الوظيفي	٠.٢٠٢	٣	٠.٠٦٧	٠.٩٤٣	٠.٤٢٠
الخبرة الوظيفية	٠.١٣١	٣	٠.٠٤٤	٠.٦١١	٠.٦٠٨
المؤهل العلمي	٠.٥٦٦	٣	٠.١٨٩	*٢.٦٤١	٠.٠٤٩
الخطأ	٤١.١٥١	٥٧٦	٠.٠٧١		
المجموع	٤٣.٠٢٤	٥٨٩			

* ذات دلالة إحصائية على مستوى($\alpha \leq ٠.٠٥$).

تشير البيانات الواردة في الجدول(٢٠) أنه توجد فروق ذات دلالة إحصائية في مستوى التمكين الوظيفي لدى الموظفين في الدوائر الحكومية في منطقة تبوك يعزى لمتغيري (العمر, المؤهل العلمي)، حيث بلغت قيمة (F) المحسوبة على التوالي (٤.١٠٧، ٢.٦٤١=F)، وبمستوى دلالة (٠.٠٠٧، ٠.٠٤٩=α) وهي دالة إحصائياً عند مستوى دلالة($\alpha \leq ٠.٠٥$)، مما يجعلنا نرفض هذه الفرضية جزئياً فيما يتعلق بهذين المتغيرين،

وقبول الفرضية البديلة والتي تنص على وجود فروق ذات دلالة إحصائية في مستوى التمكين الوظيفي لدى العاملين في الدوائر الحكومية في منطقة تبوك يعزى لمتغيري(العمر, المؤهل العلمي)، في حين أظهرت النتائج عدم وجود فروق ذات دلالة إحصائية في مستوى التمكين الوظيفي تعزى لكل من المتغيرات (النوع الاجتماعي ، المسمى الوظيفي، الخبرة الوظيفية)

)، مما يجعلنا α) المحسوبة غير دالة إحصائياً عند مستوى دلالة(٠.٠٥ ≥ Fحيث كانت قيم (نقبل هذه الفرضية جزئياً فيما يتعلق بمتغيرات، (الاجتماعي ، المسمى الوظيفي، الخبرة الوظيفية)، ولمعرفة لصالح من تعود هذه الفروق في كل من المتغيرات (العمر, المؤهل العلمي) تم استخدام اختبار شفيه للمقارنات البعدية والجداول (٢٠)، (٢١) توضح نتائج ذلك

جدول (٢١)

نتائج اختبار شفية للمقارنات البعدية لمتغير العمر في مستوى التمكين الوظيفي لدى الموظفين في الدوائر الحكومية في منطقة تبوك

العمر	المتوسط الحسابي	٣٠ سنة أو أقل	من ٣١-٤٠ سنة	من ٤١-٥٠ سنة	٥٠ سنة فأكثر
٣٠ سنة أو أقل	٣.٦٣	-	-	-	٠.١٢*
من ٣١-٤٠ سنة	٣.٦٧	-	-	-	-
من ٤١-٥٠ سنة	٣.٧٣	-	-	-	-
٥٠ سنة فأكثر	٣.٧٥	-	-	-	-

* ذات دلالة إحصائية على مستوى(٠.٠٥ ≥ α).

يبين الجدول (٢١) أن هنالك مصادر فروق ذات دلالة إحصائية بين ذوي الفئة العمرية (٣٠ سنة أو أقل) والفئة العمرية (٥٠ سنة فأكثر) ولصالح الموظفين ذوي الفئة العمرية (٥٠ سنة فأكثر).

جدول (٢٢)

نتائج اختبار شفية للمقارنات البعدية لمتغير المؤهل العلمي في مستوى التمكين الوظيفي لدى الموظفين في الدوائر الحكومية في منطقة تبوك

المؤهل العلمي	المتوسط الحسابي	الثانوية العامة فاقل	دبلوم متوسط	بكالوريوس	دراسات عليا
الثانوية العامة فاقل	٣.٦٣	-	-	-	٠.١١*
دبلوم متوسط	٣.٦٩	-	-	-	-
بكالوريوس	٣.٧٠	-	-	-	-
دراسات عليا	٣.٧٤	-	-	-	-

* ذات دلالة إحصائية على مستوى($\alpha \leq$ ٠.٠٥).

يبين الجدول (٢٢) أن هنالك مصادر فروق ذات دلالة إحصائية بين الموظفين ذوي المؤهل العلمي (الثانوية العامة فاقل) والموظفين ذوي المؤهل العلمي (دراسات عليا) ولصالح الموظفين ذوي المؤهل العلمي (دراسات عليا).

٢,٤ مناقشة النتائج:

١. أشارت النتائج أنّ المتوسطات الحسابية لتصّورات المبحوثين لدرجة توافر السياسات التنظيمية (الحوافز والترقية , العلاقات, الدعم التنظيمي, الأهداف,ت قييم الأداء) لدى العاملين في الدوائر الحكومية في منطقة تبوك في المملكة العربية السعودية، جاءت بدرجة مرتفعة، وقد احتّل مجال الحوافز والترقية المرتبة الأولى، يلي ذلك مجال الدعم التنظيمي، وجاء في المرتبة الثالثة مجال العلاقات ، أما مجال الأهداف فقد جاء في المرتبة الرابعة، وجاء في المرتبة الخامسة والأخيرة مجال تقييم الأداء.

أن وضوح الأهداف هي من أهم العوامل التي في السياسات التنظيمية، فالسياسات التنظيمية هي نتاج هذه الأهداف، حيث أنه عندما تحدد الأهداف بشكل واضح فإنها تعمل على دفع وتوجيه سلوك الأفراد لأداء النشاط المطلوب، كما أن إحترام الأفراد

وتشجيعهم وتنميتهم وتدريبهم وإتاحة الفرص لهم بالمشاركة في القرار الذي يتعلق بهم كفيل بأن يبذلوا قصارى جهودهم لتحقيق أهداف المؤسسة بكفاءة واقتدار، وتحديث القوانين والأنظمة والتعليمات المعمول بها، والتخلي عن الروتين واللامركزية في التعامل، كما تفسر هذه النتيجة أيضاً على أن الموظفين يرغبون في الحصول على قدر من السلطات والمهام، ودعم وتأيد الإدارة، بحيث يشعر معها أن الإدارة تثق بقدراته، ورغبته في الحصول على قدر من التشجيع والثناء والتقدير على مجهوداته في العمل. واتفقت هذه النتيجة مع ما جاءت به دراسة (الفوزان، ٢٠٠٥) والتي أشارت إلى أن تصورات العاملين في المؤسسات العامة في مدينة الرياض في المملكة العربية السعودية نحو السياسات التنظيمية كانت متوسطة

٢. أشارت النتائج أنّ المتوسطات الحسابية لتصّورات المبحوثين لمستوى التمكين الوظيفي لدى العاملين في الدوائر الحكومية في منطقة تبوك في المملكة العربية السعودية(أهمية العمل , فرق العمل, المشاركة)جاءت بدرجة مرتفعة، وقد احتّل مجال أهمية العمل المرتبة الأولى، يلي ذلك مجال فرق العمل، وجاء في المرتبة الثالثة والأخيرة مجال المشاركة. وتفسر هذه النتيجة على أن إجابات المبحوثين تتركز على عملية التعاون المشترك بين العاملين لانجاز أعمالهم بكفاءة عالية ويتجه غالبيتهم نحو الرضا عن التعاون القائم بينهم، ثم يتجه تركيزهم إلى شعورهم بأهمية العمل الذي يقومون به في منظماتهم ورضاهم عن ذلك، ورضا غالبيتهم عن جهودهم التي يبذلونها في عملهم، وهذا يدل على مستوى التمكين الوظيفي لدى المبحوثين، ويشترك غالبيتهم في عدم الرضا عن إتباع أسلوب التقليد من أجل تغيير السلوكيات السلبية، وذلك قد يعود إلى عدم قناعتهم بأنهم ينتهجون سلوكيات سلبية، وقد يعتبرون أنفسهم أصحاب سلوكيات ايجابية دائما، أو أنهم يعود ذلك إلى قناعتهم بعدم وجود القدوة الذي يقلدونه لتغيير تلك السلوكيات لديهم. واتفقت هذه النتيجة مع ما جاءت به دراسة

(ملحم، ٢٠٠٦) والتي أشارت إلى تباين مواقف رؤساء الجامعات الأردنية من التمكين. والتقت مع ما جاءت به دراسة (القاضي، ٢٠٠٨) التي أشارت إلى أن مستوى التمكين الإداري لدى القادة التربويين في الجامعات الحكومية في إقليم الشمال جاء بدرجة مرتفعة

٣. أشارت النتائج إلى وجود أثر ذو دلالة احصائيه بين السياسات التنظيمية والتمكين الوظيفي لدى العاملين في الدوائر الحكومية في منطقة تبوك في المملكة العربية السعودية. وإن بعد (الحوافز والترقية) قد احتل المرتبة الأولى، تلاه متغير (تقييم الأداء)، ودخل ثالثاً متغير علاقات العمل، ودخل أخيراً متغير الأهداف. وتفسر هذه النتيجة على أن السياسات التنظيمية تعتبر أحد المؤثرات المحفزة على للتمكين الوظيفي حيث يتصف هذا المناخ بسيادة التفاعل والحوار بين الأفراد، ووجود التعاون والانسجام بينهم وبين الإدارة، وإتاحة الفرصة للنمو والتطور وتحقيق الطموحات الفردية، وتسهيل طرق وأساليب العمل، بما يكفل الاستفادة من الطاقات والقدرات الكامنة لدى الإفراد والعاملين بالمنظمة من أجل تحقيق مصلحة المنظمة والفرد معاً.

٤. أشارت النتائج إلى عدم وجود فروق ذات دلالة إحصائية عند مستوى دلالة($\alpha \leq$ ٠.٠٥) لدرجة توافر السياسات التنظيمية في الدوائر الحكومية في منطقة تبوك في المملكة العربية السعودية تعزى للمتغيرات الشخصية والوظيفية (النوع الاجتماعي، العمر، المسمى الوظيفي، الخبرة الوظيفية في الوزارات، المؤهل العلمي).

٥. أشارت النتائج إلى وجود فروق ذات دلالة إحصائية عند مستوى دلالة($\alpha \leq$ ٠.٠٥) لمستوذى التمكين الوظيفي في الدوائر الحكومية في منطقة تبوك في المملكة العربية السعودية تعزى للمتغيرات الشخصية والوظيفية (العمر, المؤهل العلمي) وتفسر هذه النتيجة على أن التمكين يتأثر بمؤهل المبحوث وعمره، فكلما زادت مؤهل الفرد كان أكثر نضجاً وإلماماً ويكون أكثر عطاءاً، وأكثر وعيا بجوانب العمل ويظهر ذلك في مستوى تمكنه، وأصبح أكثر اعتماداً على نفسه بخلاف المعينين الجدد فإنّ مستوى

تمكينهم يتأثر بسبب تعلمهم أساسيات العمل، إضافة إلى أنّه يوجد هناك تمييز بين أصحاب الخبرات.

٤,٣ التوصيات:

بناء على النتائج السابقة والتحليل الإحصائي توصي الدراسة بما يلي:

١. توصي الدراسة بالعمل على تطوير نظام تقويم الأداء المطبق ليضمن خصائص الملائمة العدالة والفاعلية والموضوعية والأسلوب بشكل أكبر، لأن وجود مثل هذه الخصائص ضمن النظام يكون لها انعكاسات ايجابية عديدة لتحسين الأداء، وزيادة رضا العاملين.

٢. توصي الدراسة بإشراك العاملين في عملية صنع القرارات فيما يتعلق بأداء أعمالهم لما له من أثر هام في تمكين العاملين، والذي أظهرته النتائج بدرجة متوسطة.

٣. تأسيس وحدات تنظيمية (وحدة التطوير الإداري) في الدوائر الحكومية للاهتمام بالأساليب الإدارية الحديثة من منطلقات إبداعية، وأن تكون مزودة بعناصر ذات كفاءة مرتفعة لدعم التطورات والإبداعات الخلاقة التي يقدمها العاملين في هذه الوزارات والاستفادة من هذه العناصر لرفع مستوى الوزارات والعاملين.

٤. أن تعمل الإدارات على إزالة المعوقات التي تحد من التمكين الإداري ذلك بتشجيع العاملين على التخلص من حالات الخوف والقلق التي تعيق إبداعاتهم، وتنمية الدوافع الداخلية لديهم، وذلك عن طريق تبني مبدأ الشفافية في العلاقة بين الإدارة والعاملين .

٥. توجيه الأبحاث القادمة إلى البحث في متغيّرات أخرى لم تتناولها الدراسة، مثل أثر السياسات التنظيمية على التغير التنظيميّ، أو أثر السياسات التنظيمية على ممارسة السلوك الإبداعي، وغيرها من المواضيع المتعلّقة بأعمال العاملين في الدوائر الحكومية في منطقة تبوك في المملكة العربية السعودية.

المراجع

أ. المراجع العربية

ابن منظور، جمال الدين، (١٩٩٥) ، **لسان العرب** ، مجلد ٩، ط١، دار الفكر، بيروت، لبنان.

أحمد، حافظ فرج، (٢٠٠٣) . **الإدارة: البعد التخطيطي والتنظيمي المعاصر**، عالم الكتب، عمان.

إسماعيل، عصام الدين محمود، (١٩٩٣)، القيادة الإدارية الفعالة وفلسفة الإدارة بالمشاركة ، **مجلة الإدارة**، المجلد ٢٨، العدد الثاني، ص٦٨-٧٥.

أفندي، عطية حسين (٢٠٠٣). **تمكين العاملين: مدخل للتحسين والتطوير المستمر**، القاهرة: منشورات المنظمة العربية للتنمية الإدارية

باعثمان، ريما عبدالرحمن. (٢٠٠٢). **تمكين العاملين كأسلوب لمواجهة بعض المشكلات التنظيمية في المؤسسات العامة: دراسة ميدانية على المؤسسة العامة للخطوط الجوية العربية السعودية**. رسالة ماجستير غير منشورة، الرياض: جامعة الملك عبدالعزيز، كلية الاقتصاد والإدارة.

جواد، شوقي ناجي؛ والمؤمن، قيس عبد علي. (٢٠٠٠). **السياسات الإدارية**، ط١، دار الحامد للنشر والتوزيع، عمان.

الحراحشة، محمد؛ والهيتي، صلاح الدين (٢٠٠٦). أثر التمكين الإداري والدعم التنظيمي في السلوك الإبداعي كما يراه العاملون في شركة الاتصالات الأردنية، **مجلة العلوم الإدارية**، المجلد ٣٣، العدد ٢: ٢٤٠- ٢٦٦.

حسن، راوية، (٢٠٠٢)، **السلوك التنظيمي المعاصر**، الإسكندرية، الدار الجامعية.

حسين، عدنان السيد (١٩٩٣) **السياسات الإدارية في المنشآت الخاصة**، دار النفائس للطباعة والنشر والتوزيع، عمان.

الحوامدة، نضال والهيتي، صلاح(٢٠٠٤) عوامل التغيير وعلاقتها بمستوى إدراك عملية التغيير ونتائجها (دراسة ميدانية في شركات الفوسفات والأسمنت والبوتاس الأردنية)، **مجلة مؤتة للبحوث والدراسات**، مجلد ١٩، العدد٢، ص ص ٤٧-٧١.

الخضرا، بشير و أحمدمروه وأبو هنطش أحمد والظاهر جنان (١٩٩٥). **السلوك التنظيمي**، ط١، المكتبة الوطنية،عمان، الأردن.

راغب، زكي محمود (١٩٩٠)، **الجوانب السلوكية في الإدارة** ، الطبعة الثانية، وكالة المطبوعات، الكويت.

الزيدانيين، محمد مطر (٢٠٠٦)، أثر التمكين الإداري في تطبيق مبادئ إدارة الجودة الشاملة **في المؤسسات المالية الحكومية الأردنية**، رسالة ماجستير غير منشورة، جامعة مؤتة: الكرك، الأردن.

السالم، مؤيد سعيد وصالح, عادل حرحوش(٢٠٠٢) **إدارة الموارد البشرية مدخل استراتيجي**. الطبعة الأولى، عالم الكتب الحديث والتوزيع ،اربد .

السالم، مؤيد سعيد، (٢٠٠٢)، **تنظيم المنظمات: دراسة في تطوير الفكر التنظيمي خلال مائة عام**، ط١، دار عالم الكتاب الحديث، اربد- الأردن.

الشبيب، عبد المنعم حسن (١٩٩٩) . اتجاهات التحديث في الإدارة العامة "مناقشة لأوجه التحديث في مداخل واتجاهات التطوير الإداري"، **الإداري**، مسقط، ع (٦٧)، ١٤٧-١٨١.

شرقاوي، علي،(١٩٨٧)،**السياسات الإدارية**، الدار الجامعية، القاهرة، مصر.

الصرايرة، أكثم، (٢٠٠٣) " العلاقة بين الثقافة التنظيمية والإبداع الإداري في شركتي البوتاس والفوسفات المساهمتين العامتين الأردنية: دراسة مسحية"، **مؤتة للبحوث والدراسات**، المجلد الثامن، العدد الرابع، ص ص ٣٦-٥٠.

الطراونة، إحسين أحمد، (٢٠٠٦)، **العلاقة بين التمكين الإداري وفاعلية عملية اتخاذ القرارات لدى مديري المدارس الحكومية في إقليم جنوب الأردن**، رسالة ماجستير غير منشورة، جامعة مؤتة: الكرك، الأردن.

العامري، عبيد بن عبدالله (٢٠٠٥) " بناء نموذج سببي لدراسة تأثير كل من الولاء التنظيمي والرضا الوظيفي وضغوط العمل على الأداء الوظيفي والفعالية التنظيمية، **مجلة جامعة أم القرى**، للعلوم التربوية والاجتماعية والإنسانية، المجلد السادس عشر - العدد الأول، ص ص ٥٢-٧٩.

عبد الفتاح نبيل عبد الحافظ (٢٠٠٠) إدارة الجودة الشاملة ودورها المتوقع في تحسين الإنتاجية بالأجهزة الحكومية، **الإداري**، مجلد ٢٢، عدد٨٢، ص١١١، مسقط-عُمان.

عبدالسلام، محمد عبدالباقي (١٩٩٢) **السياسات المصرفية: تحليل القوائم المالية وقياس الفعالية. الجوانب التنظيمية والإدارة**، المكتب العربي الحديث، القاهرة.

العبيدين، بثينه، زياد أحمد(٢٠٠٤)، **العلاقة بين التمكين الإداري وخصائص الوظيفة في كل من شركة مصانع الأسمنت الأردنية ومؤسسة المؤاني الأردنية**، رسالة ماجستير غير منشورة، عمادة الدراسات العليا، جامعة مؤتة.

العتيبى، سعد بن مرزوق(٢٠٠٤) **تمكين العاملين: كإستراتيجية للتطوير الادارى**، الاجتماع الاقليمى الثاني عشر للشبكة لإدارة وتنمية الموارد البشرية، مسقط-سلطنة عمان، ١١-١٣ ديسمبر٢٠٠٤.

العتيبي، هلا جهاد، (٢٠٠٧)، **العلاقة بين الأنماط القيادية والتمكين الإداري: دراسة اتجاهات المديرين في المؤسسات العامة الأردنية**، رسالة ماجستير غير منشورة، الجامعة الأردنية: عمان، الأردن.

عدنان، محمد نبيل(١٩٩٣). **الإدارة: أصولها واتجاهاتها المعاصرة**، ط(١)، القاهرة: الشركة العربية للنشر والتوزيع.

عريقات، زكية، (٢٠٠٧)، **أثر العوامل الديموغرافية والشخصية في التمكين الوظيفي في المصارف التجارية الأردنية**، رسالة ماجستير غير منشورة، جامعة عمان العربية: عمان، الأردن.

عساف، عبد المعطي محمد، (١٩٩٩)، **السلوك الإداري (التنظيمي) في المنظمات المعاصرة**، دار زهران، عمان، الأردن .

العقيل ، عبد الله بن عبد اللطيف بن عبد الله(٢٠٠٤) **الإدارة القيادية الشاملة**، مركز تطوير البحوث، جامعة الملك سعود، الرياض.

العلاق، بشير (١٩٩٩). **أسس الإدارة الحديثة**، ط١، عمان، دار اليازوري للنشر والتوزيع.

عواد، عبد الكريم سلامة، (١٩٩٥)، **اثر القيم الثقافية للأفراد والمنظمات على النمط القيادي في الشركات الصناعية المساهمة العامة الأردنية**، رسالة ماجستير غير منشورة، الجامعة الأردنية، عمان.

الفوزان، ناصر بن عبدالله، (٢٠٠٥)، **أثر السياسة التنظيمية والمتغيرات الشخصية على الولاء التنظيمي في المؤسسات العامة**، دراسة صادرة عن مركز بحوث كلية العلوم الادارية ، رقم ١٢، جامعة الملك سعود.

الفياض، محمد أحمد عبدالله،(٢٠٠٥)، تمكين العاملين كمدخل إداري وأثره على القدرة التنافسية للمنظمة، رسالة دكتوراه غير منشورة، جامعة عمان العربية للدراسات العليا، الأردن.

القاضي، نجاح،(٢٠٠٨)، أبعاد التمكين الإداري لدى القادة التربويين في الجامعات الحكومية في إقليم الشمال وعلاقته بالتدريب الإداري، دراسة دكتوراة غير منشورة، جامعة اليرموك.

القريوتي، محمد قاسم، (٢٠٠١)، السلوك التنظيمي – دراسة للسلوك الإنساني الفردي والجماعي في المنظمات المختلفة ، الطبعة الثالثة، الإصدار الأول، الشروق للدعاية والإعلان والتسويق، عمان .

الكفاوين، منال، (٢٠٠٥)، العلاقة بين أبعاد المناخ التنظيمي ودرجة مشاركة أعضاء هيئة التدريس في اتخاذ القرار في الجامعات الرسمية، رسالة ماجستير غير منشورة، كلية الاقتصاد والعلوم الادارية , جامعة مؤتة، الأردن.

كوهين، ستيفن, براند، رونالد، (١٩٩٧)، إدارة الجودة الكلية في الحكومة: دليل عملي لواقع حقيقي، ترجمة عبدالرحمن أحمد محمد هيجان، معهد الإدارة العامة، الرياض.

اللوزي، موسى، (١٩٩٩)، التطوير التنظيمي: أساسيات ومفاهيم حديثة، ط١, دار وائل للنشر, عمان.

ملحم يحيى(٢٠٠٦) التمكين من وجهة نظر رؤساء الجامعات الحكومية في الأردن: دراسة كيفية تحليلية معمقة، دراسة مقدمة لمؤتمر الإبداع والتحول الإداري والاقتصادي، نيسان ٢٠٠٦، جامعة اليرموك، الأردن.

الهواري، سيد، (١٩٩٦)، الإدارة: الأصول والأسس العلمية، ط١١، مكتبة عين شمس والمكتبات الكبرى، مصر.

اليعقوب، تمارا عادل، (٢٠٠٤)، ثقة الموظف بالمدير ودورها في ادراكه للتمكين في القطاع الحكومي: دراسة ميدانية من وجهة نظر الموظفين في وزارة الصناعة والتجارة والمؤسسات العامة التابعة لها، رسالة ماجستير غير منشورة، جامعة اليرموك: إربد، الأردن.

ب. المراجع الأجنبية:

Abendschein, Lori,(٢٠٠٤) **Rewards and Recognition: An assessment of Strategies to Retain and Motivate Employees in Institutions of Higher Education**, State University Of New York Empire State College, Dissertation Abstract Internationals, P.٨٨, HH (AAT ١٤١٩٦٧٢)

Ahearne, Michael; Mathieu, Jouhn and Rapp, Adam (٢٠٠٥). To Empower or Not to Empower Your Sales Force? An Empirical Examination of the Influence of Leadership Empowerment Behavior on Customer Satisfaction and Perfomance. **Journal of Applied Psychology**. Vol (٩٠), No (٥), pp:٥٨-٦٩.

Andrews, M. and Kacmar K.(٢٠٠١). "Discriminating among organizational Politics, Justice, and Support". **Journal of Organizational behavior,** vol. ٢٢, pp.٣٤٧-٣٦٦.

Banker Rajiv. D. and Field Joy. M. and Sinha Kingshuk.K (١٩٩٧) **Work Team. Implementation and Trajectories of Manufacturing auality: A longitudinal field study**. Texas University, Boston college, Minnesota University.

Bhatt, G. (٢٠٠٠), "Organizing knowledge in the knowledge development cycle", **Journal of Knowledge Management**, Vol. ٤ No.١, pp.١٥-٢٦.

Bysinger, B. & Knight, K. (١٩٩٦). **Investing I information technology a decision making guide for business and**

technology management. New Yourk, NY: Van Nostarand Reinhold.

Cacioppe Ron(١٩٩٩) Using team – individual reward and recognition strategies to drive organizational success,: **Leadership & Organization Development Journal**, ٢٠ Issue: ٦, pp.٣٠٢-٣١٤.

Caudron, S. (١٩٩٥). Create an empowerment environment. **Personnel Journal**, Vol. ١٨, No.٤. ppV٤-٩٠.

Chandler Osca, Begoña Urien, Genoveva González-Camino, M. Dolores Martínez-Pérez, Nuria Martínez-Pérez(٢٠٠٠) Organisational support and group efficacy: A longitudinal study of main and buffer effects, **Journal of Managerial Psychology**, Volume: ٢٠, Issue: ٣/٤, Page:٢٩٢ - ٣١١

Cook, S. (١٩٩٤). "The culture implication of empowerment". **Empowerment in Organization**, Vol.٢, No.١, pp.٩-١٣.

Daniels, Lisa, & Gail, C., (٢٠٠٢). The Relationship between Counselor Licensure and Aspects of Empowerment, **Journal of Mental Health Counseling**, ٢٤ (٣), ١-٢V.

Dougherty, D. & Hardy, C. (١٩٩٦). Sustained product innovation in large, mature organizations: Overcoming innovation-to-organization problems. **Academy of Management Journal**, Vol.٣٩,No.٢, pp.٣١١-٣٢١.

Drory, A. and T. Romm. (١٩٩٠). "The Definition of Organizational Politics: A Review." **Human Relations**, vol. ٤٣, no. ١١, pp. ١١٣٣-١١٥٤.

Eisenberger, R., J. Howes; A. Grandey; and P. Toth. (١٩٩V). "The relationship of Organizational Politics and support to Work Behaviors, Attitudes, and Stress." **Journal of Organizational Behavior**, Vol. ١٨, pp. ١٥٩-١٨٠.

Ferris, R.; D. Frink; C. Galang; J. Zhou; K. Kacmar, and L. Howard. ١٩٩٦. "Perceptions of Organizational Politics: Prediction,

Stress-related Implications, and Outcomes." **Human Relations**, vol. ٤٩, no. ٢, pp.٢٣٣-٢٦٦.

Foster-Fishman, P. G. and Keys, C. B. (١٩٩٥). " The inserted pyramid" how a well-meaning attempt to initiate employee empowerment ran afoul of the culture of public bureaucracy". **Academy of Management Journal Best Papers Proceeding**, pp.٣٦٤-٧٢.

Franz, Cheny , (٢٠٠٤) **Across , cultural study of employee empowerment and organizations justice**, (unpublished PHD dissertation) , Wayne state university

Gandz, J. and V. Murray. (١٩٨٠). "The Experience of Workplace Politics." **Academy of Management Journal**, vol.٢٣, No. ٢, pp. ٢٣٧-٢٥١.

Harari, O. (١٩٩٩). " The trust factor", **Management Review**, Vol٨٨, No.١, pp.٢٨-٣١.

Honold, L. (١٩٩٧). "A review of the literature on employee empowerment", **Empowerment in Organization**, Vol.٥, No.٤, pp.٢٠٢-١٢.

Jarrar, F. Yasar & Zairi, Mohamed, (٢٠٠٢). Employee Empowerment-a UK Survey of trends and best Practices, **Managerial Auditing Journal**, ١٧ (٥), ٢٦٦-٢٧١.

Jones, L. (١٩٩٥). "Cocooned and cynical employees". **Journal for Quality and Participation,** Vol.١٨, No.١٨, pp.٥٢-٥٧.

Kacmar, K.; D. Bozeman; D. Carlson, and W. Anthony.(١٩٩٩). "An Examination of the Perceptions of Organizational Politics Model: Replication and Extension." **Human Relations,** vol. ٥٢, no.٣, pp. ٣٨٣-٤١٦.

Kirkman, B. L. Rosen, J. V. (٢٠٠٠). " Powering up teams", **Organizational Dynamics**, Vol.٢٨, No.٣, pp.٤٨-٦٦.

Kotter, J. P. (١٩٩٥), 'Leading change', **Harvard Business Review**, Vol.٣٥, No.٢, pp.٥٥-٦٨.

Kreitner R & kinichia A & Cole. N (٢٠٠٣) **Fundamentals of Organizational Behavior**, First Canadian Edition McGraw Hill Higher Education .

Lashley, C. and McGoldrick, J. (١٩٩٤). " The limits of empowerment: a critical assessment of human resource strategy for hospitality operations", **Empowerment in Organization**, Vol.٢, No.٢, pp.٢٥-٢٨.

Lawson, T. and Harrison, J. K. (١٩٩٩). Individual Action Planning in Initial Teacher Training: Empowerment or Discipline? **British Journal of Sociology and Education** ٢٠ (١): ٨٩-١٠٥.

Luthans, Fred (١٩٩٢): **Organizational Behavior**, ٦^{Ed}, New York, Mc Graw – Hill, INC.

Mallak, L. A. and Kurstedt, H.A. Jr. (١٩٩٦). **Understanding and using empowerment to change organizational culture**. Industrial Management, November/December, pp.٨-١٠.

Martin, J. (١٩٩٢). **Cultures in Organizations: Three Perspective**. New York: Oxford University Press.

Mayes, B. and Allen R.. (١٩٨٣). "Toward a Definition of Organizational Politics." In R. Allen and L. Porter (Eds), **Organizational Influence Processes**. Gelenview, Illinois: Scott, Foresman and Company, pp. ٣٦١-٣٦٨.

Moke, Esther,(٢٠٠٢),"Relationship Between Organizational Climate and Empowerment of Nurses in Hong Kong" **Employee Relations**, Vol.١٠, No.٢, pp. ١-١٩.

Mostafa Mohamed (٢٠٠٥) Factors affecting organisational creativity and innovativeness in Egyptian business organisations: an empirical investigation, **Journal of Management Development,** Vol.٢٤ No. ١, pp.٥٤٧-٥٥٧.

Murrell, K. L and Meredith, M. (٢٠٠٠). **Empowering Employee**. New york: Mcgraw-Hill.

Nixon, B. (١٩٩٤). " Developing an empowering culture in organizaion". **Empowerment in Organization**, Vol.٢, No.١, pp.١٤-٢٤.

Nye, L. and A. Witt. (١٩٩٣). "Dimensionality and Construct Validity of the Perceptions of Organizational Politics Scale." **Educational and Psychological Measurement,** vol. ٥٣, no. ٣, pp. ٨٢١-٨٢٩.

O'Connor Marion, John Mangan, John Cullen(٢٠٠٦) Organizational Politics in Ireland: justifying the investment, **Journal of Management Development,**Vol: ٢٥ ,Issue:٤, Page: ٣٢٥ - ٣٤٩

Onne , Jansdsen (٢٠٠٤) the barrier effect of conflict with superiors in the relationship between employee empowerment and organizational commitment,. **Work and Stress** , Vol. (١٨) No (١) .p. ١-١٠.

Ostroff, C. (١٩٩٢): The Relationship Between satisfaction, Attitudes, And Performance; An Organizational Level Analysis **Journal Of Applied psychology,** Vol.١٤ No. ٢, pp.٢٤٩-٢٦٣.

Perarson, Richard. E. (١٩٩٠). **Counseling and social support: Perspectives and practice**. California: Sage publications, Inc.

Potochny, D.K. (١٩٩٨) ``Employee Empowerment: Key to efficient customer service''. **Nation's Restaurant News**. Vol. ٣٢, No. ٣٢.

Quinn, R.E. and Spreitzer, G.M. (١٩٩٧). " The road to empowerment: seven questions every leader should consider", **organizational Dynamics,** Vol. ٢٦, No.٢, pp.٣٧-٤٩.

Randall, M.; R. Cropanzano; C. Bormann; and A. Birjulin. (١٩٩٩). "Organizational Politics and Organizational Support as predictors of Work Attitude, Job Performance, and Organizational Citizenship behavior." **Journal of Organizational Behavior,** vol. ٢٠, no. ٢, pp١٥٩-١٧٤.

Robbins, Stephen ,P (٢٠٠١) **Organizational Behavior: Concepts Controversies And Applications,** ٦ᵗʰEdition, Printice- Hall Inc, Englwood, Cliffs, N.J.

Robbins, Stephen, P . (١٩٩٣). **Organizational Behavior: Concepts Controversies and Application**, ٤th Edition, Prentice-Hall Inc. Englwood, Cliffs, N.J.

Shackletor, V.(١٩٩٥). **Business Leadership**. London: Routledge

Spreitzer, G. M. (١٩٩٥). "Psychological empowerment in the workplace: dimensions, measurement, and validation", **Academy of Management Journal**, Vol. ٣٨, No.٥, pp.١٤٤٢-٦٥.

Taborda, C. G. (١٩٩٩). " **Leadership, teamwork, and empowerment: management toward**", AACE International Transactions, pp.١-٤.

Wilkinson, A. (١٩٩٩). " Empowerment theory and practice", **Personnel Review**, Vol.٢٧, No.١, pp. ٤٠-٥٦.

Witt, L.A., Darren C. Treadway, Gerald R. Ferris(٢٠٠٥) The Role Of Age In Reactions To Organizational Politics Perceptions, **International Journal of Organizational Analysis**, Vo: ١٢, Issue: ١ ,Page: ٣٩ – ٥٢.

Witt, LA; M. Andrews; K. Kacmar. (٢٠٠٠). "The Role of Participation in Decision-Making in the Organizational Politics-Job Satisfaction Relationship." **Human Relations**, vol. ٥٣, no. ٣, pp ٣٤١-٣٥٢.

Wolfe ,R.A,(١٩٩٤), Organizational; Innovation: Review ,Critique and Suggested Research Direction, **Journal of Management Studies**,Vol.٣١,NO.٣, pp.٨٥-٩٦.

الملحق (أ)

قائمة بأسماء المحكمين

الملحق (أ)

قائمة بأسماء المحكمين

١.	الأستاذ الدكتور حلمي شحادة	جامعة مؤتة
٢.	الأستاذ الدكتور زياد يوسف المعشر	جامعة مؤتة
٣.	الأستاذ الدكتور علي العضايلة	جامعة مؤتة
٤.	الأستاذ الدكتور نضال الحوامده	جامعة مؤتة
٥.	الدكتور معتصم المجالي	جامعة مؤتة
٦.	الدكتور حسين العزب	جامعة مؤتة
٧.	الدكتور محمد عواد	جامعة مؤتة
٨.	الدكتور فيصل الشواوره	جامعة مؤتة

الملحق (ب)
أداة الدراسة

الملحق (ب)

أداة الدراسة

بسم الله الرحمن الرحيم

استبيان

جامعة مؤتة

كلية إدارة الأعمال

قسم الإدارة العامة

تحية طيبة وبعد.......

يقوم الباحث بدراسة بعنوان(أثر السياسات التنظيمية على التمكين الوظيفي لدى العاملين في الدوائر الحكومية في منطقة تبوك بالمملكة العربية السعودية: دراسة تطبيقية) وتهدف هذه الدراسة إلى التعرف على أثر السياسة التنظيمية على التمكين الوظيفي للعاملين في الدوائر الحكومية في منطقة تبوك بالمملكة العربية السعودية وذلك كمتطلب للحصول على درجة الماجستير في الإدارة العامة.

يرجى التكرم بتعبئة الاستبانة المرفقة بدقة وموضوعية بعد الاطلاع على التعليمات المدونة في بداية كل قسم، علما بأن جميع المعلومات الواردة في إجابتك ستعامل بسرية تامة ولن تستخدم إلا لأغراض البحث العلمي.

وتقبلوا فائق التقدير والاحترام شاكرا لكم حسن التعاون

الباحث

خالد سعيد أبو هتلة

برنامج ماجستير الإدارة العامة

أولاً: المعلومات الشخصية والوظيفية:
أرجو التكرم بوضع إشارة (√) داخل المربع المقابل للإجابة التي تناسب اختيارك:

١- النوع الاجتماعي: ذكر   أنثى

٢- المؤهل التعليمي   ثانوية عامة فما دون   دبلوم متوسط
                      بكالوريوس   دراسات عليا

٣- المسمى الوظيفي   مدير   مساعد مدير
                    رئيس قسم   رئيس شعبة

٤- سنوات الخبرة: ٥ سنوات فأقل   ٦-١٠ سنة
                    ١١-١٥ سنة   ٢١ سنة فأكثر

٥- العمر: ٣٠ سنة فأقل   ٣١- ٤٠ سنة
            ٤١-٥٠ سنة   ٥١ سنة فأكثر

ثانيا: في الجدول الذي أمامك مجموعة من الفقرات التي صممت لقياس السياسة التنظيمية في وزارات المملكة العربية السعودية، يرجى قراءة الفقرات ووضع إشارة (√) تحت البديل الذي يوافق خياركم.

الرقم	الفقرة	درجة الإجابة				
		أوافق بشدة (٥)	أوافق (٤)	أوافق بدرجة متوسطة (٣)	غير موافق (٢)	غير موافق بشدة (١)
	الأهداف					
١.	النظم والإجراءات المعمول بها في وزارتي كافية لتحقيق الأهداف.					
٢.	أمتلك رؤية واضحة عن الأهداف التي تسعى وزارتي لتحقيقها.					
٣.	لدي العاملين القدرة على تصور حالة الوزارة في المستقبل .					
٤.	أعطي الأولوية لتحقيق أهداف وزارتي عند أنجازى لعملي .					
٥.	تعتمد الوزارة إستراتيجية الترابط بين الأهداف الفرعية والرئيسية.					
٦.	أن مسؤوليات الإدارة العليا في وزارتي محددة بدقة ووضوح.					
٧.	تتبنى الوزارة سياسات مرنة لتحقيق حاجات العاملين.					
	الدعم التنظيمي					
٨.	يمارس العاملين عملهم بمعنويات عالية في الوزارة.					
٩.	الممارسات التنظيمية المطبقة في وزارتي ملائمة.					
١٠.	أثق في القرارات التي تقوم وزارتي باتخاذها.					
١١.	تتصف وزارتي بأنها مرنة وتتكيف باستمرار مع التغيير.					
١٢.	تساعد بيئة العمل المادية في وزارتي(التهوية، التكييف،....) على أداء عملي.					
١٣.	تساعد بيئة العمل التنظيمية في وزارتي(القواعد، الأنظمة،....) على أداء عملي.					
	العلاقات					

الرقم	الفقرة	أوافق بشدة(٥)	أوافق(٤)	أوافق بدرجة متوسطة(٣)	غير موافق(٢)	غير موافق بشدة(١)
		درجة الإجابة				
١٤.	يسود علاقتي برئيسي المباشر الاحترام المتبادل.					
١٥.	تسود علاقة الثقة والاحترام والتعاون بين العاملين في وزارتي.					
١٦.	يؤمن العاملون في وزارتي بأهمية العمل الجماعي .					
١٧.	يهتم المسؤولين في وزارتي بالاختلافات الفردية بين العاملين في القيم والممارسات.					
١٨.	يقدم المسؤولين الدعم الكافي لحل المشاكل التي تواجهني أثناء العمل.					
	الحوافز والترقية					
١٩.	نظام الحوافز في وزارتي بأنه عادل.					
٢٠.	الحوافز التي أحصل عليها ترتبط في المجهود الذي أبذله في أدائي لعملي.					
٢١.	أعتقد أن نظام المكافآت المستخدم في وزارتي يشجع على التطوير الذاتي.					
٢٢.	يوجد عدالة في توزيع الحوافز في وزارتي بين العاملين.					
٢٣.	أمنح ما استحق من نظام الحوافز في الوقت المحدد.					
٢٤.	تتم الترقية في وزارتي على أسس موضوعية.					
٢٥.	ترتبط الترقية في وزارتي بالأداء الوظيفي					
	تقييم الأداء					
٢٦.	يعكس نظام تقييم الأداء الوظيفي في الوزارة مستوى أدائي.					
٢٧.	عناصر تقييم الأداء الوظيفي المستخدمة في نماذج التقييم واضحة.					
٢٨.	يوضح رئيسي محاور عملية التقييم قبل بداية عملية التقييم.					
٢٩.	يتلاءم نظام تقييم الأداء الوظيفي في وزارتي مع الوصف الوظيفي.					
٣٠.	عناصر تقييم الأداء تغطي جميع الأبعاد التي ينبغي أن يتم تقويمها في الوظيفة التي أشغلها					

ثالثا: في الجدول مجموعة من الفقرات التي صممت لقياس التمكين الوظيفي، يرجى قراءة الفقرات ووضع إشارة (√) تحت البديل الذي يوافق خياركم.

الرقم	الفقرة	درجة الإجابة				
		أوافق بشدة (٥)	أوافق (٤)	أوافق بدرجة	غير موافق (٢)	غير موافق بشدة (١)
	المشاركة					
٣١.	أقوم بمشاركة زملائي في الوزارة أثناء تأديتي لعملي.					
٣٢.	أقوم بتشخيص المشكلات التي أوجهها أثناء عملي بمساعدة الآخرين في عملي.					
٣٣.	أمتلك الفرصة الكافية من الاستقلالية في تنفيذ عملي.					
٣٤.	أشعر بكامل الحرية لابتكار الأسلوب الذي أعتقد أنه مناسب لأدائي لعملي.					
٣٥.	أشعر بأن عملي في الوزارة يؤثر في الآخرين.					
٣٦.	لدي مساهمات كبيرة فيما يحصل من تطور في وزارتي على المدى البعيد.					
٣٧.	أستطيع الإطلاع على المعلومات الواردة للإدارة.					
	فرق العمل					
٣٨.	يعمل الأفراد في وزارتي بروح الفريق الواحد.					
٣٩.	أرغب في العمل في فرق مكلفة بحل المشاكل.					
٤٠.	يمنح مديري السلطة المسؤولية لجميع أعضاء الفريق لأداء أعمالهم بشكل متكامل.					
٤١.	تسير الاتصالات الإدارية بين جماعات العمل والوحدات الإدارية بيسر وسهولة.					
٤٢.	يتم توزيع الأدوار بين العاملين حسب الاستعدادات المتوفرة.					
٤٣.	تترابط الأنشطة في الوزارة فيما بينها كوحدة متكاملة.					
	أهمية العمل					

الرقم	الفقرة	درجة الإجابة				
		أوافق بشدة (٥)	أوافق (٤)	أوافق بدرجة	غير موافق (٢)	غير موافق بشدة (١)
٤٤.	أشعر بأن عملي في الوزارة مهم.					
٤٥.	أعتقد أن النشاطات التي أمارسها أثناء عملي ذات قيمة ومعنى.					
٤٦.	أشعر بأنني استخدم وقتي في تنفيذ عمل مهم.					
٤٧.	أمتلك الخبرة الفنية والمهارات الضرورية لأداء العمل.					
٤٨.	أشعر بالثقة في وزارتي على إنجاز العمل.					
٤٩.	لدي الاهتمام بتجربة الأفكار الجديدة في العمل.					
٥٠.	لدي مساهمات كبيرة فيما يحصل من تطور في وزارتي على المدى البعيد.					
٥١.	أقوم بتقليد سلوك بعض الرؤساء الماهرين في المنظمة.					
٥٢.	أقوم بتقليد سلوك بعض العاملين المميزين بالعمل .					
٥٣.	أعتقد بأن محاكاة سلوك الآخرين المميزين يساعدني على تطوير بعض المهارات اللازمة لأداء العمل .					
٥٤.	إن أسلوب التقليد يساعدني على تغيير بعض سلوكياتي السلبية في العمل .